Jan Šedivý – Alles Große beginnt klein

Jan Šedivý

Alles Große
beginnt klein

Mosaiksteine einer Spiritualität im Alltag

Vorwort von Tomáš Halík

Verlag Sankt Michaelsbund

In einer Übersetzung ins Tschechische 2014 im Verlag Cesta in Brno unter dem Titel „O kontemplaci. Kamínky v mozaice spirituality" erschienen.

ISBN 978-3-943135-74-9

Erste Auflage

© 2016 by Verlag Sankt Michaelsbund, München
www.st-michaelsbund.de

Umschlaggestaltung: Dominik Šedivý, Salzburg

Layout und Satz: Rudolf Kiendl, München

Herstellung: Friedrich Pustet GmbH & Co. KG, Regensburg

Inhalt

Allen, denen die Stille
zu einer kostbaren Quelle der Inspiration geworden ist,
und auch allen,
die auf der Suche danach sind.

Vorwort

Ungefähr seit den sechziger Jahren des 20. Jahrhunderts können wir im Westen ein wachsendes Interesse für Spiritualität beobachten, vor allem für die kontemplativen Wege. Das ist zweifelsohne eines der deutlichen „Zeichen der Zeit". Von Zeit zu Zeit wiederholen sich in der Geschichte Phasen einer besonderen Empfänglichkeit der Menschen für die Werte des geistlichen Lebens. Es bietet sich die Frage an, ob sich diese Zeiträume in irgendetwas ähneln. Seinerzeit ist mir ein Vergleich eingefallen: „Die goldene Zeit" der spanischen Mystik fällt zusammen mit der Epoche großer Expansion Europas, mit Entdeckungen und Eroberungen neuer Kontinente. Hat diese Bewegung in die Breite und Weite nicht auch einen Ausgleich durch die Versenkung in die Tiefe erfordert? Gegen Ende der sechziger Jahre des 20. Jahrhunderts gipfelte das Bestreben um technischen Fortschritt in der Expansion ins Weltall. Die Landung des ersten Menschen auf dem Mond wurde von manchen mit der Entdeckung Amerikas verglichen. Sollten wir nicht, ähnlich wie damals die Neuzeit symbolisch begonnen hat, die ersten Schritte der Menschen auf dem Mond als das Ende der Neuzeit erklären und gleichzeitig den Beginn einer neuen „planetarischen" und „postmodernen" Epoche ausrufen? Genau in dieser Zeit begann ein Trend, den einige Soziologen als „Transformation der Religion in die Spiritualität" bezeichnen: Institutionelle Religionsformen des Westens erleben eine Krise, während der Durst nach den geistlichen Werten wächst.

Doch dieser Durst führt oft spirituell ausgedörrte und suchende, ebenso wie von organisierter Religion (in der Regel durch christliche Kirchen) enttäuschte Menschen zu diversen westlichen Nachahmungen und Richtungen spiritueller Schulen des Fernen Ostens. Einige Christen verurteilen und dämonisieren diesen Trend sowie die Spiritualität des Ostens. Doch einige christliche Denker und Seelsorger hat diese Tatsache nicht erschreckt, sondern führte sie zu einer selbstkritischen Reflexion. Haben die kirchlichen Vertreter nicht einen großen Fehler gemacht, indem sie den Schatz christlicher Mystik über Jahrhunderte als einen gefährlich starken Wein angesehen haben, der ausschließlich in der ziemlich sterilen Umgebung der Klöster aufbewahrt werden müsse, und der an andere nur tröpfchenweise abgemessen bzw. nur in sehr verdünnter Form gereicht werden sollte? Ist nicht die Zeit gekommen, in der es nötig ist, diesen Weinkeller zu öffnen, die Schätze der Vergangenheit neu zu entdecken und eine Sprache zu finden, die es heute ermöglicht, diese Schätze zum Ausdruck zu bringen, wenn wir mit Suchenden innerhalb und außerhalb der Kirchen in einen Dialog treten sollen? Ist es nicht an der Zeit, uns um eine ehrliche Auseinandersetzung mit den Traditionen des Ostens zu bemühen?

Schon früh hat sich gezeigt, dass manche von denen, die aufgebrochen sind, um in der Spiritualität des Ostens (oder aber in seinen westlichen Nachahmungen, die manchmal mehr Karikaturen orientalischer Spiritualität sind) innere Alternativen zur expandierenden technikorientierten Zivilisation zu suchen, nach einiger Zeit auf Umwegen zu ihrer eigenen Kultur zurückfanden und dort nach ihrer oft verschütteten und vergessenen geistlichen Dimension suchten. Mystische Autoren des Christentums werden heute neu gelesen. Diese Texte verstehen aber nur jene, die bereits gewisse Erfahrungen mit der kontemplativen Praxis gemacht haben. Deshalb benötigt der Durst nach Spiritualität nicht nur Bücher, sondern in erster Linie auch erfahrene spirituelle Lehrer.

Ein solcher Lehrer ist der Autor des Buches, das Sie in Händen halten. Dieses Buch ist vor allem für jene hilfreich, die bereits gewisse Erfahrungen mit der Praxis der Kontemplation unter seiner Führung oder in vergleichbaren Kursen seriöser Lehrer des spirituellen Lebens gemacht haben. Jenen, die dieses Glück nicht hatten, dient das Buch als Einladung und Inspiration. Auf eine glückliche Art ist es einfach, sparsam, gut verständlich und begleitet den Leser durch das ABC des geistlichen Lebens. Ist es also ein „Buch für Anfänger"? Ja, besonders wenn wir uns die Worte großer spiritueller Meister ins Gedächtnis rufen, nämlich, dass es sehr wichtig ist, sich auch nach vielen langen Jahren der Praxis, „den Anfängergeist" zu bewahren.

Das Buch von Jan Šedivý ist durchwegs praktisch, aber es ist kein „Handbuch der Meditationstechnik". Zu den wesentlichen Botschaften dieses Buches gehört die wichtige Feststellung, dass Kontemplation keine Angelegenheit irgendwelcher „Techniken" ist, sondern eine der Haltung zur Welt, zu anderen Menschen, zu sich selbst und zum eigenen Leben. Und sie ist auch und vor allem eine demütige, offene, wahrnehmende Haltung Gott gegenüber:

„Eine tiefgehende Veränderung wird zugelassen, nicht gemacht. Sie wird empfangen und nicht erzwungen. Auf dem inneren Weg „machen" wir weder Heilung, noch Erlösung, noch Erleuchtung. Wir schaffen lediglich geeignete Voraussetzungen dafür, dass Prozesse in uns beginnen können, die uns von Grund auf und nachhaltig auf den Weg der Heilung zur Persönlichkeitsentfaltung und zu einem neuen, sinnerfüllten Leben führen." […] *„Spirituelle Erfahrungen sind in den Alltag zu integrieren. Sie geben uns Flügel und ermöglichen uns das Fliegen, aber unser Platz ist auf der Erde und wir müssen lernen, wieder in der Realität zu landen. Spiritualität und Alltag sind nicht voneinander getrennt, sondern beide machen unser Leben aus, das so ist, wie es ist. In dieser Einheit zu leben und sie bewusst zu erleben, das ist Kontemplation."*

Wenn ich den Autor, einen wertvollen und erfahrenen Lehrer der Kontemplation, der in diesem Buch mit großer Offenheit reiche Früchte seiner langjährigen Praxis spiritueller Begleitung mitteilt, mit einem Wort charakterisieren sollte, würde ich wohl das Wort „Realist" wählen. Nach den Erfahrungen mit vielen spirituellen Lehrern (und mit manchen, die sich nur dafür halten), spreche ich diese Bezeichnung als Ausdruck von tiefem Respekt und Sympathie aus.

Darf ich als einer der ersten Leser dieses Buches zum Schluss etwas gestehen?
Ich habe mit dem Schreiben des Vorwortes diesmal außerordentliche Schwierigkeiten gehabt. Ich hatte dem Autor das Vorwort vor einiger Zeit zugesagt und habe mich so-

mit bemüht, auch in einer Zeit vieler Beschäftigungen wiederholt nach dem Buch zu greifen und einige Kapitel darin zu lesen in der seligen Hoffnung, dass sie mich inspirieren und mir Beine machen würden, um das Vorwort endlich zu schreiben. Aber jedes Mal *inspirierte* mich das Lesen zu etwas ganz Anderem: nämlich dazu, mich für eine Weile in Stille hinzusetzen und zu meditieren. In der Regel probierte ich dabei etwas von dem aus, wozu der Autor rät. Erst als ich mich endlich zum Schreiben dieser versprochenen Zeilen setzte, wurde mir folgendes bewusst:

Wenn dieses Vorwort das Buch empfehlen soll (und das ist meine aufrichtige Absicht), dann geschieht dies nicht so sehr, indem ich mit vielen Worten wiederhole, was der Autor auf seine sparsame Art und Weise in einzelnen Kapiteln mitteilt, sondern dadurch, dass ich einfach eben diese meine Erfahrung mitteile und den Lesern wünsche, dass es ihnen so gehen möge wie mir. Die Lektüre dieses Buches ersetzt sicher nicht die Kontemplation, aber sie führt aufgeschlossene Leser überzeugend zu ihr hin. Darin liegt der große Wert dieses Buches. Ich empfehle es allen wärmstens.

Tomáš Halík

Der eigene Ton

Eine armenische Volksfabel[1] erzählt von einem Mann mit einem Cello. Jeden Tag nahm er sein Musikinstrument und spielte. Dabei hielt er den Finger immer an die gleiche Stelle, so dass immer nur ein einziger Ton erklang. Dies tat er stundenlang, Tag für Tag, Woche für Woche, monatelang. Seine Frau ertrug es geduldig und hoffte, dass der Mann sein sonderbares Musizieren eines Tages gelangweilt aufgeben würde. Sie wartete vergeblich. Als sie es nicht mehr aushalten konnte, fragte sie ihn eines Tages, warum er denn immer nur den gleichen Ton spielte. Sie sagte: „Wenn Andere spielen, bewegen sie dabei ihre Finger und führen den Bogen nicht nur über eine, sondern über vier Saiten dieses wunderbaren Instrumentes." Der Mann stellte sein Cello zur Seite und wurde für einen Moment ganz still. Dann drehte er sich zu seiner Frau, schaute sie liebevoll an und sagte: „Die anderen suchen noch die richtige Stelle. Ich habe sie schon gefunden."

Diese Kurzgeschichte bezieht sich auf den „eigenen Ton" des Menschen. Nach einer alten indischen Tradition hat jeder seinen ganz persönlichen Grundton. Wenn er ihn aktiviert, entsteht eine für ihn charakteristische Grundschwingung wie bei einer gezupften leeren Saite. Wie der Eigenton klingt, erahnen wir ansatzweise, wenn wir spontan, wie aus dem

---

[1] Hier wiedergegeben nach: Fritz Stege: *Musik, Magie, Mystik*, Remagen 1961, S. 26.

Bauch heraus, ein zustimmendes, lautes „Mmhhmmm" äußern. Auf der Höhe des Eigentons können wir auch eine lange Redezeit mit voller Stimme und gesünder bewältigen. Außerdem verändert sich die Wirkung der Stimme. Weil wir die gesamte Resonanz des Körpers aktivieren, wird die Stimme von der Umwelt als angenehmer, sympathischer und kompetenter wahrgenommen. Gleichzeitig wirkt sie echter, authentischer und spiegelt unverfälscht die innere Haltung.

Die südindische Musikpraxis und Musiktherapie setzt bei der Findung des Eigentones an: Ein Musiker stimmt sein Instrument nach dem Eigenton als Bezugston für all sein Musizieren und kann nur so wirklich aus sich selbst heraus Musik machen. Diese Musik geschieht als die Ausfaltung des Ureigensten. Daher beginnt die jahrelange spirituelle Übung der indischen Musiker mit der Findung des Eigentons.

In der westlichen Mystik erinnert daran die Aufforderung: Finde dich selbst, finde dein tiefstes Wesen. Dies kann auch bedeuten: Finde das Sein hinter dem Schein, das Gesicht hinter der Maske, das Leben hinter dem Tod, finde das eine, unverwechselbare Eine, finde das, wo du zu Hause bist und wo du hingehörst. Setze all deine Kräfte ein, um das herauszufinden, denn damit hast du das Allerwichtigste gefunden: die Erfüllung, den Lebenssinn und die Zukunft. Das weitere Leben wirst du dann als die Manifestation und Ausfaltung des Einen in vielen Ausformungen erfahren und leben.

Die Suche nach seinem Ureigensten, nach sich selbst, ist immer mit Wandlung verbunden. Wer sich selbst, wer den

Menschen hinter dem Ego sucht, verlässt den Ist-Zustand. Er verlässt sich selbst mit seinen vertrauten Identifikationen und Anhaftungen und wird zum neuen Menschen, der aus dem Geist geboren ist.

Vollende deine Geburt

In einer Erzählung werden die Mönche eines Klosters ausgesandt, um das wahre Leben zu erlangen. Mit auf den Weg wird ihnen die Anweisung gegeben: „Vollende deine Geburt! Finde heraus, wer du bist, finde dein wahres Wesen und lebe danach." Den Suchenden erscheint es zunächst als ein Du, als jemand anders, von dem sie sich getrennt, vielleicht entfremdet fühlen. Der innere Werde-Prozess hat seine Gesetzmäßigkeit, er lässt sich nicht verordnen und nicht manipulieren. Er braucht Zeit und Geduld, denn Abgetrenntes gilt es zu vereinen, Hindernisse sind zu überwinden, vieles ist zu klären, manches ist zu versöhnen und zu integrieren. Es geschieht, indem wir dranbleiben und konsequent weitergehen.

In der Geschichte heißt es, dass die Mönche die Vollendung ihres Lebens erreichen, wenn sie auf ihrem Weg einige Hinweise beachten: „hineingehen"; „nicht aufgeben"; „dem Licht folgen"; „achtsam bleiben".[2] Es braucht den Mut, sich

---

2 Heinrich Jürgens: *Vollende Deine Geburt*, Innsbruck-Wien 1994, S. 7–17.

jeder Situation zu stellen, Entschlossenheit, jede Situation zu bewältigen, es braucht das Vertrauen, gestärkt aus allem herauszukommen und schließlich braucht es die Achtsamkeit im Alltag.

„**Hineingehen**" lautet die erste Anweisung. Nur wenn wir bereit sind, auch ins Unbekannte zu gehen, uns dem Sosein des Lebens zu stellen, können wir mehr und Neues erfahren. Dies schließt die Bereitschaft ein, sowohl die leichten als auch die schweren Wegstrecken anzupacken, und die Klugheit, sich nicht kopflos einer Gefahr auszusetzen.

„**Nicht aufgeben**" meint Ausdauer und Treue zum Weg. Wir machen uns schwungvoll ans Werk, beginnen ein Vorhaben, aber nach einiger Zeit erlahmt der Schwung, vor allem dann, wenn der Erfolg ausbleibt. Ausdauer kommt von *durare* und bedeutet „andauern", „bestehen bleiben", „weitergehen". Wer ohne Ausdauer etwas anfängt, wird nichts zustande bringen. Gute Vorsätze allein genügen nicht. Ein Vorhaben zu realisieren, braucht Konsequenz und ein Mindestmaß an Disziplin.

„**Dem Licht folgen.**" Wenn es schwer wird, wenn uns eine tiefe Dunkelheit umgibt, sollen wir darin nicht erstarren, sondern den Blick weiten, uns umsehen. Vielleicht entdecken wir dann irgendwo ein Licht, einen Stern am Himmel, der den Weg für die nächsten Schritte ausreichend erhellen kann. Das Licht ermutigt und stärkt das Vertrauen: „Egal, was ist, ich komme durch." Im Alltag gibt es viele kleine Lichtpunkte, die leicht übersehen werden. Das kann ein gu-

17

tes Wort sein, eine Zeit zum Innehalten, Aufenthalt in der Natur, ein Lächeln. Das Licht steht auch für die innere Klarheit als Zeichen einer stimmigen Spiritualität.

„Achtsam bleiben." Dies nicht nur in extremen und besonderen Situationen, sondern im ganz normalen Alltag: Dann, wenn nicht viel los ist und die Zeit mit ihren scheinbaren Belanglosigkeiten monoton vor sich hin plätschert.
In meinen Studentenjahren habe ich gerne Klettertouren unternommen. Wenn eine schwierige Stelle der Felswand zu bewältigen war, so war dies nur mit äußerster Aufmerksamkeit möglich. Wenn schließlich alles vorbei war und wir den Berg hinuntergingen, konnte es vorkommen, dass jemand für einen Augenblick nicht aufpasste und daneben trat, was gefährlich hätte werden können.

Das wahre Leben ist nicht wie ein Ziel, auf das wir uns hinbewegen. Das Geheimnis ist der Prozess selbst. Sich auf den Fluss des Lebens einzulassen, darauf kommt es an. Solange wir ausschließlich auf das Erreichen von irgendwelchen Zielen fixiert sind und auf Veränderungen warten, die morgen oder übermorgen geschehen mögen, haben wir das eigentliche Ziel, die Vollendung der Geburt, verfehlt.
Dem wahren Leben auf der Spur sind wir bereits mit unserem ersten Schritt. Mit ihm beginnt der Weg des Werdens. Später erkennen wir, dass die Vollendung selbst in jedem Augenblick, in jeder Bewegung, in jedem Atemzug liegt.

Stille, die durchatmen lässt

Einen wichtigen Schritt in der Vertiefung der eigenen Spiritualität verdanke ich der Arbeit mit Jugendlichen. Vor Jahren führte ich im Schülerzentrum Schloss Fürstenried in München Einkehrtage für Schüler ab der 10. Klasse. Zum Standardprogramm gehörte eine Meditation am Morgen und am Abend. Auch im sonstigen Tagesablauf wurden meditative Elemente eingebunden. Bildmeditation, meditatives Malen, Bewegung, Musik, Singen und biblische Texte waren sozusagen mein tägliches Brot.

Eines Tages fragte ich mich: Was mache ich für mich selbst, wie soll meine eigene spirituelle Praxis aussehen? Doch nicht wieder Bild- oder Textbetrachtung, Bewegung oder Malen! Es war an der Zeit, mich nach etwas Anderem umzusehen. Ein Zufall hat mir dabei geholfen: Das Geburtstagsgeschenk für einen Bekannten war fällig. Also bin ich, zusammen mit meiner Frau, in die Buchhandlung gegangen. Der Bekannte war nicht gerade ein angenehmer Zeitgenosse und so war die Geschenksuche nicht einfach. Einige Neuerscheinungen sind durch unsere Hände gegangen. Keine war zufriedenstellend. Dann sah ich einen sonderbaren Buchtitel. „Kontemplation" stand darauf. „Irgendetwas über die Mönche", dachte ich. Mit leichtem Misstrauen nahm ich das Buch, schlug es auf und begann darin zu lesen. Am Anfang des Buches zitiert der Autor aus dem Vorwort der „Wolke des Nichtwissens":[3]

---

3   Willigis Jäger: *Kontemplation. Gottesbegegnung heute*, Salzburg 1982.

„Ich wünsche sehr, dass kein gedankenloser Schwätzer, keine hochnäsigen Leute, Haarspalter, Ohrenbläser, ewig Beschäftigte und Kritikaster dieses Buch zu Gesicht bekommen. Für solche habe ich es nicht geschrieben und möchte, dass sie die Finger davon lassen. Das Gleiche gilt auch für alle, die nur hinter dem Neuesten her sind, gleich ob sie gebildet sind oder nicht."

Meine Frau und ich haben uns angeschaut und wir wussten sofort. Ja, genau, das ist es! Diese Kritik war haargenau auf unseren Bekannten zugeschnitten, wie für ihn geschrieben. Das „richtige Geschenk".

Zu Hause wollte ich wissen, was sonst noch in dem Buch stand und las weiter. Einige Tage später besorgte ich ein zweites Exemplar für uns beide. So bin ich auf einen Weg gestoßen, der darin besteht, sich hinzusetzen, still zu werden und alles, was einem gerade durch den Kopf geht, loszulassen – auch Schadenfreude oder den Wunsch, mit einem Buchgeschenk versteckte Seitenhiebe zu erteilen.

Bald habe ich nach Menschen Ausschau gehalten, die mir die Übung des Sitzens in Stille auch praktisch zeigen konnten. Durch weitere Lektüre stieß ich auf Begriffe wie Nichtdenken, Einheitserfahrung, Loslassen, Freiheit vom Ich und andere. Sie waren mir zunächst fremd, denn die bisherigen Lebenserfahrungen lehrten mich, wie wichtig es ist, zu denken, Ziele zu haben und anzustreben, sich an etwas festhalten zu können oder ein gesundes und starkes Selbstbewusstsein zu haben. Es fiel mir schwer, zu begreifen, warum ich das alles loslassen und warum ich mich von mir selbst befreien sollte. Meine bisherige Maxime lautete vielmehr, mich selbst besser kennenzulernen und das Selbstbewusstsein zu stärken. Ich hatte das Gefühl, dass beides, „Loslassen" und „Werden", nicht zusammenpasst. Gleichzeitig spürte ich, wie wichtig mir die Zeiten der Stille geworden waren, weil sie mich mitten im Alltag und Beruf durchatmen ließen. Ich ahnte, dass etwas Bedeutsames geschah, wenn ich meine Gedanken beiseitelegte, etwas, das ansonsten durch die vielen Alltagssorgen übertönt worden wäre und in ihnen unterginge. Ich erkannte auch, dass „Loslassen" und „Werden" keine Gegensätze sind, sondern dass „das Loslassen" eine wichtige Brücke zum „Werden" ist. Da ich mich innerlich ausgeglichener fühlte, habe ich die regelmäßige Zeit der Stille in meinen Tagesablauf eingebunden. Ich habe auch gemerkt, dass diese Art der Übung mir zum Gebet wurde. Dieses war nicht mehr ein Sprechen in Worten und Gedanken, sondern entwickelte sich zu einer Form der Präsenz. Damit war es nicht angewiesen auf bestimmte Momente, sondern wurde zu einer Lebenshaltung. Der Unterschied zwischen Dialog in Worten und Stille lässt sich mit dem Unterschied zwischen Sprechen und Umarmung vergleichen. Die stille Umarmung kann viel aussagekräftiger sein als Worte, weil sie die Zugehörigkeit und Verbundenheit viel deutlicher ausdrücken kann. Während wir also in der sogenannten gegenständlichen Meditation über Worte, Bilder oder Gegenstände nachdenken, hören wir in der gegenstandsfreien Stille auf, uns um diese Dinge zu kümmern. Wir lassen los und überlassen alles, einschließlich uns selbst, der Stille.

Orte der Sammlung

Ein Freund erzählte über seine Mutter, er habe erst nach vielen Jahren als Erwachsener begriffen, warum sie so gerne und so oft in die Kirche gegangen ist. Sie war stets kräftig eingespannt, immer war sie für Andere da. Fünf Kinder hatte sie zu versorgen und die Familie lebte in beengten Verhältnissen. Vor diesem Hintergrund war jeder Kirchgang eine Erholung, denn dort wollte niemand etwas von ihr. Sie konnte innehalten, wieder zu sich selbst kommen und Kraft schöpfen für ihren Alltag. So waren für viele unserer Vorfahren Kirchen, Kapellen und Wallfahrtsorte Gelegenheit für körperliche und seelische Erholung, aber auch Orte des Loslassens und der Gotteserfahrung. Dort haben sie die Präsenz einer geistigen Wirklichkeit erfahren, aus der sie Kraft und Mut für ihren oft mühevollen Alltag geschöpft haben.

Nur wenige Menschen machen in unserer Zeit diese Erfahrung, obwohl sie das Innehalten nicht minder nötig hätten. Menschen gehen in Fitnessstudios, zum Volleyballtraining, sie gehen angeln, buchen Entspannungskurse, Yoga, Feldenkrais oder verschiedene Formen der Meditation. Es ist gut, wenn sie das tun, solange diese Aktivitäten selbst nicht zu Orten der Leistung werden. Wir brauchen Zeiten und Räume, in denen nichts drängt, nichts geleistet werden muss, Zeiten, in denen es still wird. In denen jede Leistung und jeder Druck zurücktreten und wir wie Kinder aufmerksam dem Säuseln des Baumlaubes oder dem Gesang der Vögel lauschen können.

Stille heißt nicht, dass sich nichts bewegt und wie tot verharrt. Im Gegenteil, sie ist lebendig. Die Stille der Kontemplation atmet Leben, sie ist die Urheimat für jede Bewegung, für jede Lebendigkeit. Diese Stille kann uns eine wichtige Quelle der Kraft werden. In ihr ordnet sich, was in den Turbulenzen des Alltags durcheinandergeraten ist. Viele erfahren die Stille als einen Zustand, in dem sich die Bewegung, die oft genug als Chaos empfunden wird, klärt. Turbulenzen an der Oberfläche des Alltagsgeschehens beruhigen sich, Gedanken sortieren sich, Gefühle beruhigen sich und wir gewinnen einen klaren Blick für das Wesentliche. Darüber hinaus können in der Stille Wunden aufgedeckt werden, die noch unverheilt in der Tiefe der Seele unter Verschluss gehalten werden und die Lebensenergien rauben. Sie kommen ans Licht, indem sie uns bewusst werden, und bekommen die Chance der Heilung.

Die Stille der Kontemplation hat nichts zu tun mit der Einsamkeit des sich verlassen vorkommenden Menschen. Im Gegenteil, sie lässt zu einem Menschen heranreifen, in dessen Nähe sich andere ausruhen können wie ein Wanderer im Schatten des Baumes. Echte Stille ist die einfühlsame Wahrnehmung des Lebens in seiner Fülle, schließt das Du des Anderen und der gesamten Schöpfung mit ein. Sie ist eine göttliche Kraft, die die unzertrennliche Verbundenheit von allem erfahren lässt. Ein Zustand, in dem – gleich einem keimenden Samen – das verborgene Leben sich unaufhaltsam entfaltet.

Was mich der Garten lehrt

Gerne verbringe ich Zeit bei der Gartenarbeit oder gehe im nahe gelegenen Wald spazieren. Besonders im Frühling lassen sich täglich Veränderungen beobachten. Die Wiesen färben sich in allen Abstufungen von Grün, alles blüht, und bald reifen die ersten Früchte. Die Natur zeigt sich in ihrer vollen Pracht. Die Menschen sehen dies und freuen sich über die Wunder der Natur. Nicht alle. Manche beobachten den Wechsel der Jahreszeiten und sehen überhaupt nichts. Was um sie herum ist, wird gedankenlos als alltägliche Selbstverständlichkeit empfunden. Andere sind so auf sich selbst und auf ihre eigenen Sorgen fixiert, dass alles andere ausgeblendet bleibt, als wäre es sehr weit weg.

Die Fülle des Lebens erlebt, wer bereit ist zu sehen. „Wer Ohren hat, der höre" und „wer Augen hat, der sehe", heißt es in der Bibel. Weiter könnten wir sagen: Wer Beine hat, der laufe, und wer eine Stimme hat, der spreche und singe; wer eine Haut hat, der fühle. Wer eine Fähigkeit hat, der nütze sie. Jeder hat seine eigenen Möglichkeiten und Begabungen. Sie sind uns gegeben, damit wir sie nützen und verantwortungsbewusst mit ihnen umgehen. Auch die Fülle der Natur ist uns gegeben. Um sie als Geschenk wahrzunehmen, brauchen wir ein Mindestmaß an innerer Offenheit und Aufnahmebereitschaft. Wer in sich eingeigelt ist, hört nicht, fühlt nicht, sieht nicht oder er sieht nur das, was er sehen will, und blendet alles andere aus.

Zwei Tendenzen engen unsere Wahrnehmung ein: die Neigung, etwas zu vermeiden, und die Neigung, etwas erzwingen zu wollen. Wer etwas vermeiden will, ist fixiert auf das, was er zu meiden sucht, und wer etwas erzwingen will, der ist auf das Ziel fixiert. Die erste Neigung ist die Folge von Angst. Die Wurzel der anderen ist die Gier. Das Geschehen der Gegenwart ist frei von solchen Wertungen und Interpretationen. Es ist das, was jetzt gerade ist in seinem So-sein. Eine solche Begegnung mit der Gegenwart erfordert die Haltung der geistigen Offenheit, die bereit ist, das Geschehen wahr-zu-nehmen, ihm also in seiner Wahrheit zu folgen. Diese Wahrnehmung ist nicht verzerrt durch Manipulation, sei sie bewusst oder auch unbewusst. Geistig offene Menschen nehmen das Leben so, wie es kommt. Sie sind offen für dessen wahren Reichtum und Fülle. Die meisten sehen die Lebensfülle vor allem als die vollkommene Befriedigung aller Wünsche und Bedürfnisse. Die Fülle ist für sie alles, was gut und erstrebenswert erscheint. Doch eine solche Wahrnehmung verzerrt die Realität. Es ist wichtig, das Leben als Ganzes anzunehmen, also mit all seinen Höhen und Tiefen, mit seinem Glück, seiner Gesundheit und seinem Erfolg, aber es ist auch wichtig, das Scheitern, die Krankheit und den Tod zu akzeptieren. Die Sicht auf das Ganze des Lebens nimmt Erfolg und Glück an und verdrängt nicht die Herausforderung, die das Scheitern und das Leid mit sich bringen. Das wirkliche Leben verläuft einmal ruhig, ein anderes Mal wild oder dramatisch. Es erstreckt sich zwischen Freude und Traurigkeit, Gesundheit und Krankheit.

Die Fülle kann erfahren, wer offen ist für das Ganze des Lebens. Zwischen dem Aufstehen in der Frühe und dem Zubettgehen am Abend können wir dutzende Male den Reichtum des Augenblicks in uns und um uns herum entdecken. Vielleicht erkennen wir auch, dass der Wert der Dinge und Lebewesen nicht dadurch bestimmt ist, was sie leisten oder nützen, sondern dass sie ihren eigenen Wert in sich haben, weil sich in allem das göttliche Sein manifestiert.

Staunen können

Einmal kam ich für mehrere Tage nach Maria Kirchental im Salzburger Land. Draußen unter meinem Fenster war ein Brunnen, dessen Wasser Tag und Nacht vor sich hin plätscherte. Gerne setzte ich mich und lauschte dem Plätschern. In der fallenden Bewegung des Wassers lag für mich das Geheimnis der Vollkommenheit: eine Bewegung, ein Geräusch, ein Bild, dem nichts hinzugefügt und nichts genommen werden musste. Es ist in sich geschlossen und gleichzeitig eingebunden in den großen Zusammenhang von Natur und Schöpfung.
Einige Meter weiter stand eine große Wallfahrtskirche aus der Barockzeit. Die Künstler haben sich bemüht, in Bild und Form die göttliche Wirklichkeit auszudrücken. Sie suchten nach der vollkommenen Form, nach dem vollendeten Bild, dem ebenfalls nichts hinzuzufügen und nichts wegzunehmen ist. Viele Kunstwerke lassen jenes unsichtbare Geheim-

nis erahnen, das sich hinter dem Sichtbaren verbirgt. Ich bin überzeugt, dass nur jenes Werk die Ewigkeit atmet, dessen Schöpfer den ewigen Ursprung in sich selbst entdeckt, auch wenn er diesem Ursprung andere Namen gibt.

Kunstwerke sind nur an ganz bestimmten Orten zu finden, aber die vollendete Form, die Ewigkeit schaut aus jeder Blume. Wir müssen nicht weit reisen, müssen kein Geld ausgeben, um das Besondere, das Außerordentliche zu erleben. Es ist überall um uns. Oft wird darüber geschrieben und viele reden davon, aber nicht alle leben es auch. Blumen und Bäume, Berge und Gewässer zeigen und lehren uns, dass wir die Welt mit anderen als nur wertenden Augen sehen können. Bewerten und Urteilen bleibt im täglichen Leben wichtig, aber wir brauchen auch die Sichtweise und den offenen Blick eines Kindes, das über die Schönheit eines Grashalmes staunen kann oder sich über das Spiegelbild der Sonne in einer Pfütze freut. Wir alle haben diese Fähigkeit in uns immer schon gehabt und haben sie nie wirklich verloren, sondern nur vergessen. Im Kind bereits zugrunde gelegt, kann sie im Erwachsenen wiedererweckt und weiterentwickelt werden. Dann kann sie zur Brücke werden, die das Hier und Jetzt mit der Ewigkeit verbindet.

Ewige Fragen

Viele Kleinkinder kennen die Geschichte „Das kleine Ich-bin-ich" von Mira Lobe.[4] Ein kleines buntes Tier freut sich des Lebens und fragt: „Wer bin ich?" Da dem kleinen Tier keine Antwort einfällt, fragt es andere Tiere und es wird ihm gesagt: „Wer nicht weiß, wie er heißt, wer vergisst, wer er ist, der ist dumm. Bumm." Diese wunderbare Geschichte einer kindlichen Identitätsfindung endet mit der Erkenntnis: „Ich bin ich!" Für ein Kind ist die Antwort erst einmal zufriedenstellend. Doch irgendwann wird sie nicht ausreichen. Sie wird, bedingt durch Reifung und veränderte Lebensumstände, nicht mehr tragfähig. Dann fragen auch Erwachsene von Neuem: „Wer bin ich?" Manche meinen, die Antwort draußen zu finden, bei den Fachleuten, Freunden, in Büchern oder im Internet. Die Umwelt kann uns Tipps geben, ermutigen, aufklären und das kann durchaus nützlich sein. Doch die eigentliche Antwort finden wir nicht außerhalb, sondern in uns. Und sie wird nicht einmal für immer, sondern immer wieder von Neuem gesucht. Viele Erwachsene orientieren sich dabei gern an ihren Fähigkeiten, am Wissen oder Status: „Ich bin Verkäuferin." „Ich bin Lehrer." „Ich bin Mutter von zwei Kindern." usw. Dies sind Beschreibungen dessen, was wir machen, leisten, was uns wichtig ist, womit wir uns identifizieren, oder welchen Beruf wir ausüben. Sind wir aber wirklich nur die Summe dessen, was wir machen oder wissen? Sind wir dann nichts mehr,

---

4   Mira Lobe: *Das kleine Ich bin ich*, Wien 1972.

wenn man uns die Ämter, Aufgaben, Verdienste, Ehrentitel und Funktionen nimmt oder wenn der Verstand nachlässt? Wer ist also der Mensch, der sich hinter all dem verbirgt? Wer bin ich, wenn mir alles, was ich „Mein" oder „Ich" nenne, genommen wird?

Die Antwort darauf zu finden, ist eine der wichtigsten Lebensaufgaben. Für spirituell Suchende liegt sie letztlich weniger im rationalen Erkennen als vielmehr in der persönlichen Erfahrung. Sie wird nicht gedacht, sondern erlebt, nicht von anderen übernommen, sondern durch eigene Auseinandersetzung errungen. Durch eigene Erfahrung erkennen wir, wer wir hinter allem Können, Wissen und hinter allen Eigenschaften wirklich sind und was unser wahres Wesen ist. Wir erkennen, dass wir unendlich viel mehr sind als die Summe des Wissens oder der Lebenserfahrungen, mehr als das, was wir „Ich" oder „Mein" nennen. Wir erfahren die Zugehörigkeit, Verbundenheit und letztlich die Einheit mit dem einen Leben, das sich als die alles umfassende Liebe manifestiert. Mit Recht nennen wir diesen spirituellen Weg einen Erfahrungsweg.

Nicht zerbrechen, sondern wachsen

In was für einer Welt leben wir? Millionen Menschen im Nahen Osten, in Afrika, in der Ukraine und in vielen anderen Ländern erleiden Vertreibung, Hunger, werden gefoltert und getötet. Die Menschenwürde wird selbst von sehr gebildeten Menschen mit Füßen getreten. Demgegenüber wirken manche Bibelworte wie hilflose und realitätsferne Verharmlosungen. Eines davon ist die Aufforderung Jesu: „Wer mein Jünger sein will, verleugne sich selbst, nehme sein Kreuz auf sich und folge mir nach." (Lk 9, 23)

Es ist leicht, über das Annehmen von Leid zu sprechen, wenn es einem gerade gut geht, und es verlangt viel Kraft, wenn man gerade mittendrin steht. Wir leben in einem der sichersten und wohlhabendsten Länder der Welt, sind womöglich umgeben von schöner Landschaft, sitzen gut gesättigt in einer gemütlichen Wohnung und lesen kopfnickend etwas aus der spirituellen Literatur wie zum Beispiel eben jene Worte Jesu: „Wer mein Jünger sein will, verleugne sich selbst, nehme sein Kreuz auf sich und folge mir nach." Wer gerade einen geliebten Menschen verloren hat oder vertrieben wurde, wem Verfolgung, Hunger, Folter und Tod droht, auf den können diese Worte wie eine ungeheure Zumutung wirken. Und dennoch: Die Aufforderung, auf diese Weise mit Leid umzugehen, ist eines der zentralen Anliegen des Christentums und unseres spirituellen Weges. Sie richtet sich nicht an Andere, an jemanden, den wir vielleicht zu belehren hätten, sondern sind vor allem eine Einladung an mich selbst.

Heißt es dann, „Ja und Amen" zu sagen zu jedem Unrecht, das um uns und weltweit geschieht? Die Aufforderung zeigt keinen Weg zum Bravsein, verlangt auch nicht das Nichtstun oder gar Resignation, sondern zeigt einen Weg, um das

Leid zu besiegen. Die Frage nach der Überwindung von Leid ist das zentrale Anliegen des Christentums und aller Religionen. Die Antwort Jesu lautet: Du überwindest das unabwendbare Leid in deinem Leben nicht, indem du es negierst, verdrängst, ihm aus dem Weg gehst, und auch nicht, indem du dich ihm resignierend unterwirfst, sondern indem du es als Herausforderung annimmst und hineingehst. Das Leid und letztlich der Tod haben nicht das letzte Wort. Jedes Leid hat einen Anfang und auch ein Ende. Es ist ein Durchgangsstadium, das niemandem von uns erspart bleibt. Es geht also nicht darum, dass wir jedem Leid aus dem Weg gehen, sondern dass wir die Kraft haben, ihm zu begegnen, es zu lindern, wo es gelindert werden kann, und dort anzunehmen, wo es unausweichlich ist. Wir müssen am Leid nicht zerbrechen, wir können vielmehr daran wachsen und reifen. Dazu bietet uns der Alltag mit seinen kleinen und größeren leidvollen Erlebnissen und Problemen viele Gelegenheiten.

Der Friede kommt aus dem Wesen

Überall auf der Welt sehnen sich Menschen nach Frieden. Die Alltagsrealität zeigt dagegen ein anderes Bild. Vor allem zu besonderen Anlässen wie Feiertagen kriselt es oft zwischen den Menschen. Als Ursache wird ausgemacht, dass sie sich Harmonie und Familienidylle quasi verordnen und sich selbst damit unter Druck setzen, denn dieser Anspruch ist schwer zu erfüllen. Streit ist verboten und Freude ist

Pflicht. Leicht entsteht Frust und schuld ist immer der Andere. Statt ersehnten Familienfrieden kann es dann lauten Krach geben.

Wirklicher Friede lässt sich nicht verordnen und auch nicht nach dem Kalender gestalten. Er kommt aus dem Wesen, aus dem innersten Grund des Menschen und ist ein anderes Wort für das Ruhen in der eigenen Mitte. Dieser Friede, diese Stille allein befähigt uns, auch im äußeren Lärm der Welt um uns herum und inmitten der täglichen Arbeit Ruhe zu erfahren, sie zu bewahren und nach außen auszustrahlen, wie Karlfried Graf Dürckheim es einmal ausgedrückt hat.[5] Innerer Friede ist ein Zustand, unabhängig von Zeit, Ort oder Umständen. Er ist höchste Lebendigkeit und das Gegenteil eines gedankenlos vor sich hingelebten Alltags. Im Zustand des inneren Friedens ereignet sich Wesentlicheres als in vielen rastlos abgearbeiteten Stunden. Hier vollzieht sich zunächst der wichtige Übergang vom Außen nach innen. Wo wir uns dem Außen zuwenden, verbrauchen wir uns, in der Stille erneuern wir uns. Gleichzeitig verlassen wir den Boden von Leistung, Erfolgsdruck und Pflicht, jede Anstrengung entfällt, Rollen und Masken dürfen abgelegt werden.

Gleich einer Pflanze, die wächst und Früchte bringt, lässt uns der innere Friede mehr Mensch werden. Deshalb brauchen wir auch Orte und Zeiten der Stille. Wir brauchen sie umso

---

5   Vgl. Karlfried Graf Dürckheim: *Vom doppelten Ursprung des Menschen*, Freiburg/Breisgau 1987, S. 30.

mehr, als es vielen im Alltag schwerfällt, sich regelmäßig Zeit zum Innehalten und zum Stillsein zu nehmen. Es gibt Vieles, das dazwischenkommt und als sehr dringend erscheint. Umso wichtiger ist es, auf solche besondere Minuten, Stunden und Tage sorgfältig zu achten. In diesen Zeiten legen wir alles ab, was der inneren Stille im Wege steht wie Leistungsdruck, Ehrgeiz oder unerledigte Arbeit. Wir hören auf, ständig etwas zu wollen und sind einfach nur da. In leisen Schritten und dennoch unaufhaltsam werden wir gewandelt. Mit der eigenen Menschwerdung wird auch das Leben auf dieser Erde insgesamt ein bisschen menschenfreundlicher.

Mittel gegen Stress

Das Meditieren wird zunehmend als Mittel gegen Stress, Ängste und Depressionen entdeckt. Menschen finden mehr Ruhe und Gelassenheit, lernen ihre Ängste zu beherrschen und finden einen besseren Schlaf. Die Haltung des „im Hier und Jetzt leben", „nicht bewerten, sondern aufmerksam wahrnehmen", „die Dinge sein lassen" und „die Gedanken loslassen" bewirkt, dass der Mensch sich nicht mehr so ängstlich und so aufgewühlt fühlt. Wenn er loslassen kann, wird er gelassener und kann sich selbst besser beherrschen. Untersuchungen belegen, dass sich schon nach wenigen Tagen mit einer jeweils 20-minütigen Meditation kognitive Fähigkeiten wie Aufmerksamkeit und Konzentration deutlich verbessern. Hervorgehoben werden auch die positiven

Auswirkungen auf das Gehirn und die Aktivierung der Selbstheilungskräfte. Regelmäßig praktizierte Meditation schult die Aufmerksamkeit und Konzentration und führt langfristig auch zu messbaren Veränderungen in den zuständigen Hirnregionen.

Religion und Spiritualität wird in den Studien bewusst außen vor gelassen. Den Autoren geht es um die Wirkung auf die Gesundheit, um menschliches Miteinander, um mehr Mitgefühl und die Sorge für das Ganze. So wirkt Meditation grundsätzlich auch ohne Spiritualität.

Mag sein, dass viele von denen, die mit der Meditation beginnen, einfach nur Ruhe suchen, mehr zu sich selbst finden möchten und ihr Leben besser in den Griff bekommen wollen. Doch die Erfahrung zeigt, dass Menschen, die sich auf einen solchen Weg einlassen, auch zu tieferen Fragen durchdringen. Sie fragen nicht nur nach körperlichem und psychischem Wohlbefinden, nach einer guten Gesundheit oder einem langen Leben, sondern nach einem umfassenden Heil-Sein, nach dem, was sie im Leben wirklich trägt und welche die eigene Bestimmung in diesem Leben ist. Ihre Erfahrungen in der Stille der Meditation deuten auf eine umfassendere Wirklichkeit, als es jene ist, die sie mit ihrem gewohnten Tagesbewusstsein erkennen. Diese Erfahrungen möchten sie einordnen, deuten und vertiefen. Hier bieten spirituelle Wege wie Kontemplation, Zen, aber auch andere eine wertvolle Hilfe. Sie kommen aus der jeweils eigenen Tradition des Westens oder des Ostens, sind in der jeweiligen Religion verankert, ohne dass sie eine bestimmte konfessionelle Zugehörigkeit verlangen würden. Jeder kann einen solchen spirituellen Weg gehen. Erfahrungen, die dabei gemacht werden, zielen auf das Einssein, auf das Nichtgetrennt-Sein von allem, was ist. Nichts und niemand ist isoliert, jeder lebt von allen und für alle. Diese Erfahrung berührt die zentralen Fragen unserer Zeit: Wie können alle Menschen auf diesem Planeten im Frieden leben? Wie kann sich die Menschheit ernähren, ihre grundlegenden Bedürfnisse befriedigen und gleichzeitig die Lebensbedingungen und Bedürfnisse aller anderen Lebewesen achten? Wer sich untrennbar verbunden erlebt mit allem, was ist, der geht anders um mit den Lebewesen und mit der ganzen Schöpfung. Er weiß, dass letztlich auf ihn zurückfällt, was er anderen aufgrund seiner Ichbezogenheit antun würde.

Auf dem spirituellen Weg lernen wir, dass unser Ego ein sehr guter Hausmeister sein kann, aber dass es ein sehr schlechter Hausherr ist. Die Aufgabe des Ego ist, uns als Werkzeug zu dienen, nicht uns zu beherrschen. Solange das Ego das Sagen hat, findet der Mensch keinen Frieden mit sich und kann sich in seiner Haut nicht zu Hause fühlen. Wenn die Lösung von Problemen zwischen den Völkern, Religionen, in der Wirtschaft und in den Familien von Egoismen bestimmt wird, bleiben Lösungen nur Scheinlösungen und schaffen letztlich nur neue und noch größere Probleme. Kontemplative Wege laden ein, die Ichbezogenheit in ihren unzähligen Ausformungen zu überwinden. Damit tun wir nicht nur etwas für uns selbst, sondern tun allen Lebewesen Gutes. Es ist ein Beitrag, dass das Leben auf diesem Planeten menschenwürdiger wird.

Kontemplation – der spirituelle Weg des Westens

Kontemplation – was ist das? So fragen Menschen manchmal, wenn ihnen das Wort nicht bekannt ist. „Etwas für Mönche", war meine eigene erste Reaktion vor vielen Jahren, um dann festzustellen, dass es ein spiritueller Weg für alle sein kann. Er wird gerne mit Erkenntnis, Stille, liebender Aufmerksamkeit oder Gebet ohne Worte assoziiert. Es gibt viele Erklärungen und Definitionen.

Das Wort kommt vom lateinischen *contemplatio*. Es ist die Zusammensetzung aus *templum* und *con* (mit, zusammen). Gemeint waren abgesteckte rechteckige Beobachtungsbezirke. Mit ihrer Hilfe konnten die römischen Auguren die Bewegung der Vögel beobachten und deuten. So gibt es auch auf der Erde einen abgesteckten Bezirk, eben den Tempel, das Heiligtum. Mit dem vorangestellten Wörtchen *con* ist die Zusammenschau der Bezirke oben am Himmel und unten auf der Erde gemeint. Der Wortsinn von *contemplatio* ist somit „Zusammenschau", „zwei abgesteckte Bezirke zusammenbringen" oder auch „Anwesenheit, Gegenwart und Einheit herstellen".[6] Dieses ist auch der Sinn dessen, was Kontemplation als spiritueller Weg meint und der Grund dafür, dass das griechische *theoria* (θεωρία) mit *contemplatio* übersetzt wurde. Im antiken Griechenland wurde näm-

---

6 Vgl. Bernhard Uhde: *West-östliche Spiritualität – Die inneren Wege der Weltreligionen*, Freiburg/Breisgau 2011, S. 36 f.

lich eine Übung praktiziert, in der es darum ging, sich auf etwas Ungegenständliches zu konzentrierten, um eine tiefere Erkenntnis zu erlangen. Diese Übung wurde *Theoria*, d. h. „Schau", genannt. Im Neuen Testament findet sich dieses Wort ein einziges Mal und zwar in Verbindung mit der Kreuzigungsszene.

Ausgehend von diesen Wurzeln deutet das Christentum Kontemplation als Gott schauen oder Erkenntnis Gottes. So schreibt der englische Benediktinermönch Bede Griffiths ganz im Sinne christlicher Mystik:

„Kontemplation ist das Erwachen zur Gegenwart Gottes im Herzen des Menschen und im uns umgebenden Universum. Kontemplation ist: Erkenntnis im Zustand von Liebe."[7]

Dieser „Zustand von Liebe" ist mehr als eine Definition. Er ist ein Lebensprogramm, eine Weise zu leben und hat wesentlich mit dem Alltag zu tun. Hier, inmitten der Menschen, mit denen wir zusammenleben, unter ganz normalen Alltagsumständen werden Liebe und Erkenntnis realisiert. Hier zeigt sich, ob und inwiefern wir getrennt oder eins sind mit uns selbst, mit den Menschen um uns und mit der Schöpfung insgesamt. Gleich, was wir gerade machen, ob wir im Büro arbeiten, eine Besprechung haben oder meditieren, die wache Präsenz im Zustand von Liebe ist Kontemplation. So gesehen beschreiben die allermeisten

---

7   Bede Griffiths, Roland R. Ropers: *Eine Welt - Eine Menschheit - Eine Religion*, Wasserburg/Inn 2007, S. 22 f.

Abhandlungen über Kontemplation den Weg dorthin. Sie sind Wegbeschreibungen, um hinzuführen. Kontemplation selbst ist das, was der Mensch erfährt, wenn er sich in diesem Zustand des Einsseins oder „Nicht-getrennt-seins" befindet. Dennoch sprechen wir von Kontemplation auch dann, wenn wir diese Art zu leben erst lernen. Denn bereits mit dem ersten Schritt geschieht Entscheidendes. Wir sind insofern angekommen, als dieser Weg keine zu bewältigende Wegstrecke von A nach B ist. Er ist eher mit einem Samen vergleichbar, der die ganze Pflanze in sich enthält. Wird er in die Erde gelegt und findet er günstige Wachstumsbedingungen vor wie Licht, Feuchtigkeit und die richtige Wärme, dann kann er gar nicht anders als zu wachsen, und das Wachsen geschieht wie von allein.

Bezogen auf die spirituelle Praxis ist mit der Entscheidung für ein Leben in Achtsamkeit und Mitgefühl ein entscheidender Schritt geschehen. Die achtsame Präsenz im Alltag wird ergänzt durch regelmäßige Zeiten der Stille. Hilfreich kann auch der Kontakt zu Gleichgesinnten in Form einer Gruppe oder Gemeinschaft sein. Es gibt vielerorts Gruppen, die sich regelmäßig zu Meditation in Stille treffen. Was der spirituelle Weg letztlich für uns bedeutet, lernen wir im täglichen Leben. Hier ist der jeweilige Augenblick so, wie er ist, und so begegnen wir ihm. Manchmal erleben wir ihn als Geschenk, ein anderes Mal als Aufgabe oder als Herausforderung. Wir werden zu dem einmaligen Menschen geformt, der wir sind, und wir werden zu der Erfahrung dessen geführt, wer wir hinter allen Aktivitäten, Worten und hinter allem Wissen wirklich sind.

Gedanken beiseitelegen

Kontemplation ist einerseits ein Übungsweg, ein Prozess der Selbstfindung, der die Grundwerte des Lebens wie Vertrauen, Liebe, Freude, Echtheit und andere entfaltet. Gleichzeitig führt dieser Weg den Menschen über sich selbst hinaus. Er übersteigt das begrenzte, kleine „Ich", lässt erfahren, dass es über das hinaus, was wir sehen, hören, fühlen und wissen, noch eine andere, mit unseren Sinnen, Messgeräten und dem Verstand nicht fassbare Wirklichkeit gibt. Die Bibel nennt sie „ewiges Leben", „Reich Gottes", „Gott". Diese andere Wirklichkeit zu erfahren, sich durch sie heilen und verändern zu lassen, aus ihr zu leben, war und ist das Ziel des spirituellen Weges im Christentum.

Von ihrem Ursprung und in ihrem Kern ist die Kontemplation eine Form des Gebetes ohne Worte, in dem der Mensch mit seinen eigenen Gedanken, Bildern und Vorstellungen aufhört, sie beiseitelegt und sich Gott überlässt. Diese Wirklichkeit Gott ist nicht irgendwo weit weg und nicht außerhalb des Menschen, sondern zutiefst in ihm und mit ihm verwoben, erfahrbar und wirksam. Das kontemplative Gebet erreicht ihn bis in seine unbekannten Tiefen. Es heilt und verändert, wenn der Mensch sich darauf einlässt.
Dieser Übungsweg des wortfreien Gebetes ist sehr menschlich und mit allzu menschlichen Problemen gepflastert. Wer versucht, zu beten und darin Gott zu begegnen, der begegnet zunächst einmal sich selbst in Form von Gedanken, Erinnerungen, Fantasien und Gefühlen.

Am Anfang der Gebetsentwicklung übernehmen wir Gebete anderer. So lernen die Kinder Grundgebete und andere Formen des mündlichen Betens. In der Gemeinschaft werden Psalmen gebetet und Gottesdienste gefeiert. Im persönlichen Gebet lernen wir, auch mit eigenen Worten unsere Sorgen und Ängste, unser Glück und das ganze Leben vor Gott zur Sprache zu bringen. Wir sind auf das Du Gottes hin ausgespannt. Durch Gedanken und Empfindungen begegnen wir zunächst einmal uns selbst. Wenn wir Worte sprechen, so tun wir das nicht deshalb, damit Gott endlich Bescheid weiß, wie es um uns steht, sondern weil wir selbst diese Bewusstwerdung brauchen. Im Gespräch mit dem Du Gottes kommen wir in Fühlung mit uns selbst. Das kontemplative Gebet widerspricht diesen Gebetsformen nicht. Im Gegenteil, es schließt sie ein, ergänzt sie und geht über sie hinaus, indem es die Dualität des „Ich hier – Gott dort", „Ich klein – Gott groß" aufhebt.

Der Weg zu Gott ist mit Menschlichem gepflastert, das als Gedanken, Vorstellungen oder emotionale Regungen wie aus dem Nichts ins Bewusstsein tritt. Es kann eine gewaltige Macht auf uns ausüben. Normalerweise sagen wir, dass wir Gedanken und Emotionen haben, doch oft ist es umgekehrt. Gedanken und Emotionen haben uns im Griff. Sie können unseren Blickwinkel so sehr einengen, dass wir nicht die ganze Wirklichkeit sehen, und was wir sehen, ist verzerrt durch die Brille der Fixierung auf uns selbst. Mit Recht bezeichnet Evagrius Ponticus – ein großer Lehrer des Gebetes im alten Mönchtum – das Gebet als das „Beiseitelegen von Gedanken". Nicht nur bestimmte Gedanken werden beiseitegelegt und nicht nur dann, wenn sie lästig werden oder keinen Spaß mehr machen, sondern alle Gedanken, sooft sie auftauchen, sind im Gebet loszulassen.

„Gib dich also entschlossen ganz dem Gebete hin. Achte dabei weder auf Sorgen noch auf andere Gedanken, die in dir aufsteigen, während du betest. Alles, was sie bei dir erreichen können, ist, dich zu stören und dich zu beunruhigen, um schließlich deine Entschlossenheit und Zielgerichtetheit ins Wanken zu bringen.“ [8]

Das Beiseitelegen von Gedanken ist nicht immer einfach. Es ist nicht schwer, Banalitäten des Alltags abzulegen. Was nicht wichtig ist, davon trennen wir uns leicht. Wer aber gerade seine Arbeit verloren oder mit seinem Partner heftig gestritten hat, wird sich schwertun, von seinen Gedanken zu lassen.

Der Übungsweg setzt dort an, wo es uns gut möglich ist. Was momentan überfordert, braucht Geduld und kommt später dran. Wir brauchen auch Bereitschaft, uns dem Problem zu stellen, das hinter den Gedanken steht. Das unterscheidet echtes Loslassen vom Nicht-wahrhaben-Wollen der Verdrängung. Wo immer wir von innen her losgelassen haben, dort macht es etwas mit uns, etwas, das wir im Nachhinein als Gewinn erkennen. Das Beiseitelegen von Gedanken bezieht sich auf alle Gedanken, die uns gerade durch den Kopf gehen. Unsere Einstellung gegenüber festgefahrenen Über-

---

8 Evagrius Ponticus: *Praktikos. Über das Gebet*, Münsterschwarzach 1986, S. 89.

zeugungen, Vorstellungen, Sachen oder Personen wird von allem gereinigt, was überflüssig und unecht ist. Wie eine Tür öffnet sich dann eine neue Perspektive, die Problemlösung bahnt sich an. Im Loslassen wird erfahrbar, was es heißt: Wer verliert, der gewinnt, wer gibt, der bekommt.

Die Wahrheit suchen

Als wir vor einigen Jahren umgezogen sind, haben wir einen Handwerker gebraucht. Er hat uns informiert, was die Arbeit kosten würde, und kurz darauf einige Sachen bei uns deponiert. Als ich ihn gefragt habe, ob ich etwas zu unterschreiben hätte, damit er sich absichern könne, sagte er: „Bei uns reicht der Handschlag, hier vertrauen wir einander." Es handelte sich nicht um Schwarzarbeit, sondern um einen Umgang, der darauf vertraut, dass man sich aufeinander verlassen kann. Dies wiederum war für uns ein sehr schöner Einstand am neuen Wohnsitz.

Diese Episode hängt unmittelbar zusammen mit dem wichtigen Thema Wahrheit und Wahrhaftigkeit, das mich schon lange begleitet. Sicher hat es auch mit meiner eigenen Lebensgeschichte zu tun, vor allem mit meiner Jugend in einem kommunistischen Land, in dem die Lüge Teil des politischen Systems war. Sie wurde bewusst eingesetzt, um die herrschende Ideologie durchzusetzen und die Verfolgung politisch Andersdenkender zu rechtfertigen. Gleichzeitig ist der Umgang mit der Wahrheit ein großes Thema unserer Zeit. Der im menschlichen Egoismus wurzelnde Mangel an Wahrheit ist für mich die Hauptursache für viele der großen Probleme unserer Welt. In Zeitungen, Radio, Fernsehen begegnen uns täglich Berichte über Lügen, Täuschungen, Irritationen, Desinformationen und viele andere Formen und Abstufungen der Unwahrheit. Sich aufrichtig um die Wahrheit zu bemühen, dementsprechend zu leben, glaubwürdig zu sprechen und zu handeln, ist ein wesentlicher Grundpfeiler unseres Zusammenlebens in allen Bereichen. Ich kann zu mir selbst nur finden und mit mir selbst im Einklang sein, wenn ich auch ehrlich zu mir selbst bin, bereit, mich so zu sehen und zu erkennen, wie ich wirklich bin, ohne Verdrängungen, ohne Maske und Verstellung. Auch unsere Beziehungen in der Familie, Partnerschaft, Freundschaft und auf dem Arbeitsplatz können wir nur dann sinnvoll und erfüllend gestalten, wenn wir ehrlich zueinander sein können, ohne Lügen, Halbwahrheiten und Verleumdungen. Politische, wirtschaftliche und religiöse Systeme brechen früher oder später zusammen, wenn ihnen ein Mindestmaß an Wahrhaftigkeit fehlt, wenn sich einer nicht auf den anderen verlassen kann, wenn Misstrauen herrscht, sogenannte Desinformationen bewusst gestreut werden und Gesprächspartner wider besseres Wissen getäuscht werden.

Spirituell Suchende werden auch Wahrheitssucher genannt. Sie versuchen nicht, die Wahrheit zu besitzen, sondern sind bemüht, in der Wahrheit zu leben. Die Suche kann immer und überall geschehen, doch sie beginnt bei einem selbst. In der Stille werden selbst die dunkelsten Ecken der eigenen Lebensgeschichte aufgedeckt. Jede gefundene Wahrheit bleibt zwar Stückwerk, doch dieses ist von jener Art, von der es heißt, dass sie uns frei macht. Die Suche nach ihr ist wie ein Abenteuer und verläuft nicht geradlinig. Gleichzeitig bedeutet jedes Ankommen in der Wahrheit einen weiteren Schritt im Hineinwachsen in die eine und alles umfassende Wahrheit des Einen. Es hat also einen Sinn, in einer Welt, die manchmal aus Lügen gebaut zu sein scheint, die Wahrheit zu suchen, immer zu ihr zu stehen und in ihr zu leben. Sie macht uns frei und sie ist ein wichtiger Beitrag für eine menschenwürdigere Welt.

Geistliche Apotheke für Notfälle

„Du bist unendlich wertvoll." „Du bist ein geliebtes Kind Gottes." So oder mit ähnlichen Worten wird es jedem Christen in der Taufe gesagt und Erwachsene sollen sich daran erinnern. Aber! Hat es etwas bewirkt? Wenn zu jemandem gesagt wird: „Du bist ein Glückspilz – Du hast eine Million gewonnen!", dann möchte man die Million auch sehen und genießen. Wenn etwas behauptet wird, so wollen wir es auch spüren oder irgendwie erfahren, sonst bleibt es nur bei Worten. Was nützt es, wenn ich höre, wie reich beschenkt ich bin, wie geliebt und unendlich wertvoll ich bin? Wenn ich mich dabei wie ein armer Schlucker fühle, dann erreichen mich die Worte nicht, es bleibt frommes Gerede und ich bleibe ein armer Schlucker.

Die Frage ist vielmehr: Wenn der Mensch zutiefst angenommen und mit Gott verbunden ist, wie kann er das spüren und erfahren? Wie geht das?

Hilfreich können die Texte der Bibel sein. Sie beschreiben Erfahrungen von Menschen, die lange vor uns gelebt haben, und gleichzeitig sind sie zeitlos. Wir sollten uns einige der Bibelworte so aneignen, dass sie zu jeder Zeit verfügbar sind. Am besten, indem wir sie im Gedächtnis abspeichern. Sie könnten uns außerdem zu einer Art geistlicher Notfallapotheke werden, auf die wir in schwierigen Momenten zugreifen können. Wir wiederholen für uns diese Worte, lassen sie auf uns wirken und uns durch sie Kraft geben. Es müssen nicht ganze Sätze sein. Auch einzelne Worte oder kurze Wortverbindungen entfalten ihre Wirkung:

Ich bin mit dir, ich behüte dich, wohin du auch gehst. (Gen 28,15)
Er führte mich hinaus ins Weite, er befreite mich, denn er hatte an mir Gefallen. (Ps 18,20)
Fürchte dich nicht, denn ich habe dich erlöst, ich habe dich beim Namen gerufen, du bist mein. (Jes 43,1)
Das ist mein geliebter Sohn (Tochter), an dem (der) ich Gefallen gefunden habe. (Mt 3,17)

Solche und ähnliche Worte laden ein: Vertraue, dass dem so ist. Vertraue, dass Du nicht allein bist, dass Gott dich hält und trägt, dass er dich nie wirklich im Stich lässt selbst wenn du dich manchmal so fühlst. Wir wachsen in die Erfahrung hinein, indem wir vertrauen. Worte wie „Das ist mein/e geliebte/r Sohn/Tochter, an dem/der ich Gefallen gefunden habe" sind so groß, so gewaltig, dass die Allermeisten sie zunächst nicht fassen können. Sie hören Worte, aber die Worte lösen in ihnen nichts aus. Es erreicht sie nicht, dass die Worte auch zu ihnen gesagt werden könnten. Vielleicht glauben sie es irgendwie, aber dieser Glaube lebt zu wenig, bringt nichts in Bewegung. Sie sind erlöst, können sich aber nicht freuen. Es ist wie mit dem armen Schlucker, der zwar einen superreichen Vater hat, aber nichts davon spürt, weil er es nicht wahrhaben will oder kann. Wie oft wurden uns schon Worte gesagt wie: „Das hast du falsch gemacht." „Du musst mehr tun." „Was du machst, ist nicht gut genug." „Du bist dumm." „Du musst besser sein." Kinder werden dementsprechend belehrt: „Du musst mehr lernen." „Du musst dich ändern." Wie oft haben wir solche und ähnliche Worte schon selbst zu uns gesagt? Wie kann jemand glauben, dass er oder sie unendlich wertvoll ist, wenn er hundert Mal am Tag denkt, wie sehr ihn andere nicht mögen, wie ungenügend er ist und wie sehr er sich ändern muss?

Es ist wichtig, dass wir im Vertrauen auf das Leben schauen und dem Sog der Negativität widerstehen. Die Worte der Bibel erinnern uns daran. Sie wollen aufbauen, durchatmen lassen und ermutigen. In vielen Meditationsübungen wird angeraten, solche Worte des Lebens – manche nennen sie auch Mantras – zu wiederholen, sooft es möglich ist. Die Wiederholung wird helfen, wenn wir uns ärgern, wenn andere an uns herummeckern, wenn etwas schief gelaufen ist oder wenn wir uns einfach nur nicht wohl fühlen. Wir erinnern uns an das Wort, wenn wir schlafen gehen und wenn wir morgens aufstehen. Es führt uns über die Ebene des Denkens hinaus ins Erleben. Das Wort kann Einstieg sein für eine weite Reise in die innere Erkenntnis. Es hat seinen eigenen Rhythmus und Klang, seine eigene Melodie und Dynamik. Mit der Zeit wird es frei von Bildern und gegenständlichen Inhalten, entwickelt aber weiter seine Kraft.

Bild und Wirklichkeit

„Wie stellen Sie sich Gott vor?", fragen die Menschen gelegentlich. Kinder malen dazu Bilder, Erwachsene bemühen die Kunstwerke alter Meister oder nützen die Kraft der Symbole und Metaphern. Ebenso ist „Gottesbild" ein Thema in Vorträgen und in der Literatur. Gelegentlich wird um das „richtige" und „falsche" Gottesbild auch gestritten und es werden sogar Kriege geführt. Die Bibel verwendet Namen, um auszudrücken, was gemeint ist. Sie nennt Gott „Herr", „der Gerechte", „Richter", „guter Vater", „Liebe".

Dabei wird leicht übersehen, dass alle Namen für Gott Analogien sind, sie sind Versuche der Annäherung an eine Wirklichkeit, die kein Wort oder Bild letztlich fassen kann. „Wenn du glaubst etwas ergriffen zu haben", sagt Augustinus, „dann war es gewiss nicht Gott."[9] So fordert die Bibel

---

9 Augustinus: *Sermo* 52,16, zit. nach: Lothar Zenetti: *Texte der Zuversicht*, München 1987, S. 151.

auch, sich überhaupt kein Bild von Gott zu machen, weder das „richtige", noch das „falsche" Gottesbild, das sie „Bilder von fremden Göttern" nennt. „Du sollst dir kein Gottesbild machen und keine Darstellung von irgendetwas am Himmel droben, auf der Erde unten oder im Wasser unter der Erde." (Ex 20, 4-5)

Bei all der Fülle an Bildern und klugen Aussagen über Gott wird übersehen, dass die gemeinte Wirklichkeit zwar nicht vorgestellt und nicht gedacht, dafür aber erlebt und erfahren werden kann. Was da erfahren wird, ist kein Gegenüber, kein Objekt, denn in einer solchen Erfahrung gibt es keinen Erfahrenden und keinen Gegenstand oder eine Person, die da erfahren wird. Gott ist überhaupt kein Objekt von irgendetwas – auch nicht das Objekt einer Erfahrung –, weil er es gar nicht sein kann. „Denn in ihm leben wir, bewegen wir uns und sind wir", sagt Paulus in der Apostelgeschichte (Apg 17, 28). Konsequenterweise können wir Gott auch nicht in der gleichen Weise lieben, wie wir einen Menschen lieben. Was wir da lieben würden, wäre lediglich unsere eigene Vorstellung, unser Bild von ihm. Doch Gott ist kein Objekt der Liebe. Er ist die „Biosphäre", in der sich Liebe ereignet, formuliert treffend der Prager Theologe Tomáš Halík.[10]

Dem Verstehen hilft eher der Vergleich mit der Sonne, in deren Licht wir die Welt um uns sehen können. So kann die Gotteserfahrung auch „Erfahrung der Gnade" und „Heim-

---

10 Tomáš Halík: *Ich will, dass du bist. Über den Gott der Liebe*, Freiburg/Breisgau 2015, S. 48.

suchung des Hl. Geistes"[11] (Karl Rahner) genannt werden. Wir „sehen" in der Erfahrung nicht Gott, aber wir erkennen in diesem göttlichen Licht die eine Wirklichkeit, in der alles ein Ganzes ist. Notwendigerweise ist diese Sichtweise anders als unser Tagesbewusstsein, das eingeengt ist aufgrund der Fixierung auf bestimmte Meinungen und Bilder. Eine tiefe spirituelle Erfahrung ist somit mehr als Begegnung mit einem Du, weil sie die Grenzen sprengt, die das Ich vom Du trennen. Vielleicht ist der einzige Grund für die vielen klugen personalen und objektivierenden Aussagen über Gott jener, uns zu helfen, die eine Liebe, die das Leben atmet, zu suchen, sie zu erfahren und aus dieser Erfahrung heraus das Leben hier und jetzt zu gestalten.

Jetzt oder nie

Immer im richtigen Augenblick am richtigen Ort zu sein, wer würde sich das nicht wünschen? Umgekehrt möchte niemand zum falschen Zeitpunkt am falschen Ort sein: unverschuldet an einem Verkehrsunfall beteiligt oder als zufälliger Passant bei einer Schießerei verletzt werden. Dann heißt es eben: Pech gehabt. Neben dem richtigen möchten wir auch den besten Augenblick erwischen. Wir suchen oder erhoffen die große Chance unseres Lebens. Eines Tages

---

11 Vgl. Karl Rahner: *„Über die Erfahrung der Gnade"*, in: *Geist und Leben* 27 (1954), S. 460 ff.

müsse etwas geschehen, das wir nicht verpassen möchten: die große Liebe, der berufliche Durchbruch, das Geschäft des Lebens, der Karrieresprung, auf den wir immer schon gewartet haben.

Kairos (καιρός) nannten die Philosophen im antiken Griechenland diesen besonderen Moment, der das Leben verändert. Er wurde unterschiedlich gedeutet: als der richtige, lebensverändernde Moment, als Geschenk, als Ergebnis eigener Bemühungen oder als Geschehen, das einem einfach nur zufällt. Die Griechen der Antike machten *Kairos* zu einem Gott mit Glatze und einem Schopf an der Stirn. An diesem Schopf galt es, ihn zu packen. Wer den richtigen Moment verpasst, dessen Hand rutscht über die Glatze ins Leere. Die Gelegenheit ist vertan.

In der Tat, es gibt besondere Momente im Leben. Sie sind nicht an die ganz großen Ereignisse wie Heirat gebunden, sondern flüchtige, kaum erkennbare Sternschnuppen des Glücks. Dumm ist nur, dass wir sie meistens erst im Nachhinein erkennen. Vorher gibt es nur Vorstellungen, Wünsche, Hoffnungen, Erwartungen. Erst rückblickend werden bestimmte Ereignisse zu etwas Besonderem erklärt. Wir neigen dazu, die Vergangenheit an ihnen zu verankern und die Zeiträume des Alltäglichen davor und danach auszublenden. Leider sind es nur Momente. Wenn wir die Gelegenheit nicht ergreifen, sind sie wieder weg, und der sogenannte „beste" Augenblick hat nichts gebracht.

Die günstigste Gelegenheit kann nur ergreifen, wer auf sie vorbereitet ist. Nützen kann sie, wer jeden Augenblick gleichermaßen zu schätzen weiß. Ob einer davon der Beste ist oder nicht, ist eine Frage der Wertung. Das wertende und urteilende Ego vermittelt ein gutes Gefühl, wenn wir den „richtigen" Moment erwischen, und es vermittelt ein schlechtes Gefühl, wenn wir ihn verpassen. Tritt das Ego zurück, hört die Wertung auf. Die Dinge erscheinen in ihrem Sosein – befreit vom urteilenden Denken. Wir können angemessener reagieren, weil wir unmittelbarer wahrnehmen und somit unsere Möglichkeiten besser nützen können.

Das Leben bietet eine ununterbrochene Kette an Chancen, denn jeder Augenblick ist ein guter Augenblick, wie auch jeder Tag ein guter Tag ist. Es kommt auf die Bewusstheit an, in der wir ihm begegnen, ihn in seinem Reichtum erleben oder „verschlafen", nützen oder vergeuden. Es gibt keine bessere Begegnung mit dem Jetzt als die bewusste Präsenz. Sie lässt uns das, was wir gerade machen, so gut machen, wie wir können. Sie lässt das Ego verstummen und vermittelt dem Leben einen tieferen Sinn.

So liegt der beste aller Augenblicke nicht irgendwo in der Zukunft oder Vergangenheit, sondern er ist jetzt und immer wieder jetzt. Die Vergangenheit und Zukunft werden als fließende Gegenwart zu einer lebenslangen Chance.

Den Boden bereiten

In einer Würdigung sagte der Redner: „Es ging ihm immer um die Menschen." Ich kannte den Jubilar ganz gut und so widersprach ich für mich sofort. Nein, es ging ihm nicht um „die" Menschen, sondern immer nur um „den" einzelnen Menschen. Er hatte immer ein Gesicht und einen Namen vor sich.

Viele Berufe sehen es als ihre zentrale Aufgabe, sich um das Gemeinwohl zu kümmern. Sie versuchen das Ganze zu sehen, was in vielen Situationen wichtig ist. Und dennoch: Gibt es sie: „die Menschen"? In einer konkreten Lebenssituation ist es immer ein ganz bestimmter Mensch, um den es geht, mit dem wir sprechen und auf den wir einzugehen versuchen. Eine Menschenmenge hat kein Gesicht, aber Lena, Paul usw. haben eines. Sie haben ihr jeweils eigenes Aussehen, ihre Gedanken, Gefühle und ihre Erlebnisse.

Wir alle haben unsere jeweils eigene Lebensgeschichte, die Spuren hinterlässt. Räume, die wir betreten, was oder wen wir berühren, was wir sagen, denken oder fühlen, hinterlässt den „Fingerabdruck" unseres Soseins. Wann immer wir einen Menschen wahrnehmen, er ist immer ein unverwechselbares Du. Gleichzeitig haben wir Gemeinsamkeiten. Wenn auch die Mentalität, Interessen, Ziele oder der Bildungsgrad völlig unterschiedlich sind, können wir uns mit anderen so verbunden erleben, dass alle Unterschiede bedeutungslos werden. Etwas Größeres wird erfahrbar, so dass wir nicht mehr „Mein" oder „Dein" sagen, nicht mehr

„Ich" oder „Du", aber auch nicht „Wir". Was uns verbindet, ist einmalig und konkret, gleichzeitig aber universell und ohne Trennung. Dieses „Etwas" ist mehr und größer als mein oder dein Ich und es ist mehr als beide zusammen. Wie sollen wir es nennen? Leben, Ewigkeit, Liebe, Gott, Himmel…? „Viele Namen werden Dir gegeben und doch kann keiner Dich fassen", heißt es in einem Gebet, das Gregor von Nazianz (4. Jh.) zugeschrieben wird.

Dieses „Etwas" blitzt immer wieder auf. Wir erahnen oder spüren es in den unterschiedlichsten Situationen. Wir können es in Zeiten der Stille erfahren, wenn wir das Loslassen aller Bewusstseinsinhalte üben, und auch dort, wo wir uns anderen Menschen zuwenden. Immer und überall ist dieses „Etwas" der einen Wirklichkeit erfahrbar. Was wir da erkennen, lässt sich nicht erzählen, nicht nachlesen oder durch irgendwelche Techniken vermitteln. Es wird empfangen, wenn der Boden „Mensch" bereit ist. Den Boden zu bereiten, ist die eigentliche Aufgabe. Das geschieht nicht dort, wo wir uns hinsetzen und sagen „ich bin bereit", sondern dort, wo die Bereitschaft, das eigene Ich loszulassen, sowohl in Stille als auch im täglichen Handeln konkrete Gestalt annimmt.

Aus Liebe gegeben

Sich regelmäßig hinzusetzen und einfach nur still zu sein, ohne etwas zu tun, zu sprechen und sogar mit dem Denken aufzuhören, scheint der Lebensart unserer Zeit zu widersprechen. Da gibt es Aufgaben, Pflichten, Familie, Freundeskreis, Sport, Besuche, Reisen und vieles mehr. Wir möchten etwas erleben, genießen und uns wohlfühlen. Die meisten Menschen suchen das Wohlbefinden entweder im Tun oder im Sich-fallen-lassen, zum Beispiel am Strand. Sich hinzusetzen, still zu sein und in aufmerksamer Präsenz die Zeit zu verbringen, erscheint als Luxus, den sich der heutige Mensch nicht leisten kann oder will.

Doch in Zeiten der Stille wird die wichtige Fähigkeit zum Loslassen eingeübt und realisiert. Der Körper lockert sein Festhalten, Verspannungen in den Muskeln lösen sich, der Blutdruck wird reguliert. Der Geist lockert sein Festhalten an eingefahrenen Vorstellungen und Konzepten. Emotionen hören auf, sich im Kreis zu drehen. Das Festhalten an „ich will", „ich will nicht" und „ich will anders" hört auf. Wir entspannen körperlich und seelisch und als Folge wird unsere Wahrnehmung klarer. Sie ermöglicht den Zugang zu tieferen und bisher unbekannten Schichten des eigenen Inneren.

Es ist schwer vermittelbar, dass wir als erwachsene Menschen Sinn und Erfüllung weniger dadurch finden, dass wir etwas Besonderes leisten, sondern indem wir loslassen. Wir werden beschenkt, indem wir geben. Und wir gewinnen, indem wir verlieren. Im Hin-geben, also im Los-lassen unserer Abhängigkeiten und Konditionierungen öffnen wir uns für neue und tiefere spirituelle Erfahrungen.

Was dann geschieht, ist nicht ein Verdienst unserer Bemühungen, sondern wir erleben es als Geschenk. Das lateinische Wort dafür lautet *gratia* (Gnade). Es ist das, was „gratis", einfach so, ohne irgendwelche Verpflichtungen oder Verdienste gegeben wird. Slawische Sprachen nennen es *milost*. Darin steckt das Wort „Liebe" und meint „aus Liebe gegeben". In der Tat, die wichtigsten Werte im Leben, wie Liebe oder Vertrauen und ihre Vertiefung in der spirituellen Erfahrung, sind uns ohne eigenen Verdienst gegeben, gratis, einfach so, aus Liebe. So ist eine Tiefenerfahrung immer auch eine Erfahrung der Liebe. Sie hat zu tun mit Sinnfülle, Ganzheit und Einssein. Wir nennen sie transpersonal, weil sie über unsere Ich-Du-Beziehungen hinausgeht. Unterschiede werden nicht aufgelöst, sondern vollkommen integriert. Sie übersteigt alles, was wir vom Umgang zwischen den Personen her kennen und findet doch in der zwischenmenschlichen Liebe ihr Abbild.

Kraft der Rituale

Jeder Tag ist zwischen Aufstehen und Schlafengehen durchwoben von sich wiederholenden Handgriffen. Mit immer gleichen Bewegungen ziehen wir das Hemd an oder schnüren die Schuhe. Mit der gleichen Selbstverständlichkeit gehen wir spazieren, essen, trinken und putzen uns die Zähne. Normalerweise denken wir über die Abfolge der Bewegungen nicht nach und überlegen auch nicht, welchen Sinn sie haben. Wir tun es einfach. Solche Gewohnheiten erleichtern uns das Leben, geben dem Tagesablauf Struktur und Halt. Als unsere alltäglichen Rituale sind sie nicht für immer festgelegt, sondern eingebunden in den Fluss des Lebens. Wir könnten unseren Alltag auch anders organisieren und vieles ganz anders machen. Gleichzeitig möchten wir behalten, was stimmig ist und sich bewährt hat.

Auch für das geistliche Leben sind Rituale wichtig. Religionen sehen in ihnen eine Quelle der Kraft und einer tieferen Erfahrung. Sie haben immer den gleichen Ablauf. Im bewussten Vollzug vermitteln sie den Zugang zu einer unsichtbaren Wirklichkeit, die sich hinter den sichtbaren Zeichen verbirgt, feiern sie, vergegenwärtigen sie und ermöglichen damit ihr tieferes Erleben.

Rituale haben ihre eigene Wirkung, die nicht auf Worte angewiesen ist, sind heilig im Sinne von herausgehoben und heilend, weil in ihrer Wiederholung eine heilende Kraft liegt. Sie wirken allein schon dadurch, dass sie bewusst und achtsam durchgeführt werden. Wenn wir zum Beispiel beim Betreten der Kirche das Kreuzzeichen oder die Kniebeuge machen, müssen wir dabei nicht jedes Mal etwas sagen oder über den Sinn nachdenken. Die achtsam eingenommene Körperhaltung, die Geste oder die Bewegungen können schon Gebet sein. Ein solches wortfreies Gebet ist oft wertvoller als Gebetsformeln, weil mit dem Zurücktreten der Gedanken auch das eigene ichbezogene Wollen zurücktritt. Die erhabensten Worte wären wirkungslos, wären sie ohne innere Aufmerksamkeit gesprochen, und Rituale wären nur wie eine Nussschale ohne Kern. Auf die Haltung des Herzens kommt es an.

Rituale können sich ändern. Dort, wo sie nur noch eine leere Hülle ohne Inhalt geworden sind, müssen sie sich sogar ändern. Ansonsten würden sie behindern, statt zu helfen. Der Tagesablauf kann durchzogen sein von gedankenlosen, stereotypen Körperbewegungen, abgenützten verbalen Floskeln, belanglosen Höflichkeiten und überflüssigen Bemerkungen. Worte können zu sinnlosen Geräuschen verkommen und aus wichtigen Handlungen können nichtssagende Automatismen werden. Auch aus liturgischen Zeremonien kann geistloses Theater werden und Gebet kann zum nichtssagenden Herunterrasseln frommer Sprüche verkommen. Um lebendig zu bleiben, brauchen Rituale ein Höchstmaß an Achtsamkeit und Bewusstheit.

In Stunden der kontemplativen Stille üben wir diese Offenheit des Herzens als wichtige Grundhaltung eines jeden Gebetes. Letztlich soll das gesamte Leben zum Gebet werden, mit und ohne Worte, im Sitzen, Gehen, beim Arbeiten, Essen oder Schlafen.

Bewusste Präsenz

Einmal erzählte ein junger Mann, dass er sich maßlos ärgerte, als ihm ein anderer Autofahrer den Vorrang nahm. Selbstverständlich wollte er es ihm heimzahlen und das tat er auch – mit langem Hupen, lautem Schimpfen und eindeutiger Gestikulation. Nachdem er sich kurze Zeit später beruhigte, erschrak er über sich selbst. Er konnte nicht fassen, wie er sich zu dieser Reaktion hat hinreißen lassen.

Manche Leute reagieren auf bestimmte Reize wie per Knopfdruck. Sie ärgern sich, wenn die Verkäuferin im Supermarkt sie unfreundlich behandelt hat, ängstigen sich beim Betreten dunkler Räume oder werden eifersüchtig, wenn der Partner allein ausgeht. Jeder Mensch hat oder hatte seine eigenen Konditionierungen. Einige von uns sind wie vorprogrammiert darauf, in vergleichbaren Situationen ein irgendwann einmal aufgenommenes Reaktionsprogramm ablaufen zu lassen. Konditionierungen blockieren die Lebensenergie und ziehen nach unten in den Sumpf der Negativität. Entsprechend negativ prägen sie das Lebensgefühl und lassen unnötig leiden.

Bewusste Präsenz sprengt die Macht solcher Konditionierungen. Egal ob es sich um Ärger, Angst, Selbstmitleid, Eifersucht oder um Kritik handelt, es gehören immer zwei dazu: etwas oder jemand, der verursacht, und jemand, der darauf mit Ärger oder auch mit Gelassenheit reagiert. Mag sein, dass ich einen Grund zum Ärgern habe, aber ich muss mich deshalb nicht ärgern lassen. Nur wenn ich mich davon anstecken lasse, entsteht Ärger als Reaktion. Auf solche Momente sollten wir achten.

Im Zustand der bewussten Präsenz identifizieren wir uns nicht mit dem, was wir sehen, hören, fühlen oder denken, sondern wir nehmen wahr, ohne zu werten, zu interpretieren oder zu urteilen. So behalten wir die Lufthoheit über den eigenen Gedankenhimmel. Gedanken und Gefühle stehen uns zur Verfügung, um das Leben zu bereichern. Sie sollen uns dienen, ohne uns zu beherrschen. Mag sein, dass Gedanken und Gefühle ohne unser Zutun plötzlich da sind; es bleibt unsere Entscheidung, wie wir damit umgehen. Das zu lernen, fällt in der Stille leichter als in den Aktivitäten des täglichen Lebens. Die bewusste Präsenz in Verbindung mit Stille entwickelt ihre beruhigende, ordnende und heilende Kraft. Ärgert uns das Ticken der Uhr, so können wir vielleicht die Uhr abstellen, aber wir können uns auch in der Akzeptanz dieser „Störung" üben. Dann lauschen wir dem Ticken, nehmen die eigene Unruhe wahr und halten sie aus. Irgendwann wird das Ticken der Uhr nicht mehr stören und uns aus der Ruhe bringen. Wir akzeptieren das Geräusch und gestatten uns selbst, dass es sein darf, wie es ist. Das Ticken der Uhr ist geblieben, aber es stört nicht mehr. Der Ärger hat sich in Nichts aufgelöst, weil wir das Hören der tickenden Uhr angenommen haben. Ähnlich ändert sich die Sichtweise in Bezug auf andere sogenannte „Ärgernisse", sei es, dass der Hund des Nachbarn ständig bellt, eine Mitarbeiterin sich dauernd räuspert, ein Kollege furchtbar unbeholfen ist oder dass der Vorgesetzte schlechte Laune hat.

Die bewusste Präsenz lässt uns das Geschehen um uns in einem anderen Licht sehen. Dann erkennen wir vielleicht, dass der Hund des Nachbarn durch lautes Bellen nur seine Lebensfreude ausdrückt. Die Mitarbeiterin räuspert sich ständig, weil sie nervös ist, aber selbst darunter leidet. Der unsichere Kollege reagiert mit Schweißausbrüchen auf seine eigene Tollpatschigkeit, was ihn noch unsicherer macht, und die schlechte Laune des Vorgesetzten hat nichts mit uns oder mit unserer Arbeitsleistung zu tun, sondern ausschließlich mit seinen privaten Sorgen.

Die Wolken vorüberziehen lassen

Der Unterschied zwischen einer Heldentat und einem Verbrechen ist oft nur ein kleiner Schritt. Es ist der Impuls: „mach es" oder „mach es nicht". Eine Entscheidung, die im Bruchteil einer Sekunde getroffen wird. Doch dem geht einiges voraus. Bevor gehandelt wird, kommen viele hinführende Gedanken, Fantasien und Gefühle. Wir haben die Wahl, ihnen Raum zu geben oder auch nicht. Wir sind unseren Gedanken und Emotionen nicht machtlos ausgeliefert, und es ist möglich, sie zu beherrschen. Wir sind nicht ihr Opfer, sondern ihr Verwalter. Gute oder angenehme Gedanken sind nicht immer unsere Freunde, ebenso wie schlechte oder unangenehme Gedanken nicht von vornherein unsere Feinde sind.

Wir können nicht bestimmen, ob Gedanken kommen oder nicht, aber wir können entscheiden, ob wir ihnen Raum gewähren oder verweigern, ob wir uns mit ihnen befassen oder sie beiseitelegen. Wir haben die Wahl, destruktive Impulse auszuleben oder keinen Gebrauch davon zu machen. „Dass die Vögel der Sorge und des Kummers über deinem Haupt fliegen, kannst du nicht verhindern. Doch du kannst verhindern, dass sie Nester in deinem Haar bauen", heißt es in einem Sprichwort, das Martin Luther zugeschrieben wird.

Als Erstes lernen wir, Gedanken und Gefühle aufmerksam zu beobachten, ohne sie zu werten und ohne über sie zu urteilen. Wir lassen sie weiterziehen, als wären sie Wolken am Himmel. Dies hört sich einfach an, doch in der Lage dazu sind wir vor allem dort, wo Gedanken keine große Kraft entwickeln. Dort, wo sie unsere Aufmerksamkeit vollständig auf sich ziehen, sind wir dagegen überfordert. Dann haben nicht wir die Gedanken, sondern Gedanken und Emotionen haben von uns Besitz ergriffen. Deshalb ist der angemessene Umgang mit ihnen so wichtig. Wir fangen dort an, wo wir nicht überfordert sind. Nicht bei den großen Lebensproblemen, sondern im Hier und Jetzt der Gegenwart. Wir reservieren uns Zeiten für die Stille im Alltag. Hier praktizieren wir das Loslassen *aller* Gedanken, die uns gerade in den Sinn kommen, indem wir die Aufmerksamkeit auf das richten, was jetzt gerade ist, was wir hören, sehen oder spüren. Dieses einfache Da-sein realisieren wir, sooft wir können. Gönnen wir uns regelmäßig Zeiten, in denen jede Arbeit und Aktivität ruht und wir nur da sind und uns in der eigenen Mitte zentrieren. Und wenn es immer wieder nur einen

Atemzug lang wäre, es ist ein guter Anfang. Eine andere Bewusstheit kann wachsen. Die Erholungszeiten, Arbeit und alles, was wir tun, bekommt allmählich eine neue Qualität. Die Freiheit, die dadurch entsteht, führt zur Einsicht in die inneren Räume, die sich hinter den Gedanken verbergen. Dort hinter den gedanklichen Konstruktionen und Fantasien des Alltagstrubels finden wir Antworten auf wesentliche Lebensfragen.

Mit Begleitung geht es besser

Vor vielen Jahren habe ich während des Studiums in Münster Gitarrenunterricht genommen. „Ich nehme nur einige Stunden", dachte ich, denn schließlich habe ich jahrelang Musik studiert. „Ich lasse mir zeigen, wie es geht, und werde mir alles andere selbst beibringen." Auch wollte ich auf diese Weise Geld sparen. Zu meiner Zufriedenheit habe ich in den paar Monaten tatsächlich einiges gelernt. Der Gitarrenlehrer hat mir beim Abschied gesagt: „Suchen Sie sich einen Lehrer. Wenn Sie keinen Lehrer haben, bleiben Sie stehen." Er hatte Recht. Ich bin bei jenen Musikstücken stehen geblieben, die ich damals gelernt habe. Menschen, die zu mir in die Kurse kommen, um meditieren zu lernen, sage ich nun dasselbe, was damals der Gitarrenlehrer zu mir gesagt hat. Sie können selbstverständlich auch alleine meditieren, aber wenn Sie wirklich weiterkommen möchten, brauchen Sie einen Lehrer oder eine Lehrerin. Ein bisschen „herummeditieren" kann natürlich jeder und auch das ist nicht umsonst, aber wirklich weiterkommen werden wir nur, wenn wir entschlossen sind, den Weg konsequent zu gehen, ihn durch die tägliche Praxis realisieren, und wenn wir eine qualifizierte Begleitung haben.

Beide, sowohl der/die Begleiter/in, als auch jene, die Begleitung suchen, sollten einige Voraussetzungen erfüllen. Auf Seiten des Begleiters steht in erster Linie die entsprechende Qualifikation. Seine Aufgabe ist nicht, Wissen zu vermitteln, sondern den Weg in die spirituelle Erfahrung aufzuzeigen und in praktischen Fragen zu helfen. Er muss wissen, wohin er führt, und das nicht nur aus dem Studium, sondern vor allem aus der eigenen Praxis. Er muss selbst die Erfahrung des Einsseins gemacht haben, zu der er andere hinführt.

Ein guter Begleiter lässt nicht zu, dass andere von ihm abhängig werden. Es geht ihm immer um den Menschen, den er begleitet, und nicht um etwas Anderes wie Macht oder Geld. Für wen das nicht klar erkennbar ist, der sollte sich lieber eine andere Begleitung suchen. Der Begleiter steht niemals zwischen dem Menschen, den er begleitet, und dem „ewigen Meister"[12] als dem eigentlichen Führer auf dem Weg, sondern er steht neben dem Menschen und hilft, wo es nötig ist.

---

12 Karlfried Graf Dürckheim: *Mein Weg zur Mitte. Gespräche mit Alphonse Goettmann*, Freiburg/Breisgau 1998, S. 128 f.

Seitens der begleiteten Person sind ebenfalls einige Voraussetzungen zu beachten. Dazu gehört ein Mindestmaß an Vertrauen, sowie die Bereitschaft und Fähigkeit, sich an die Hinweise zu halten. Wo das nicht geschieht, sollte die Begleitung beendet werden.

Eine einmal gewählte Begleitung sollte nicht ohne einen wichtigen Grund gewechselt werden. Wenn es doch dazu kommt, dann ist es eine Frage des Anstandes, dies auch mitzuteilen. Es wäre keine gute Art, nach jahrelanger Begleitung einfach wegzubleiben.

Neben dieser eigentlichen Form der Begleitung gibt es andere Formen: ein gutes Buch, Vortrag oder Film, Gespräche mit Freunden oder mit dem Partner. Jede Begleitung hat zum Ziel, zu helfen, die Führung im eigenen Inneren zu erkennen, ihr zu vertrauen und zu folgen. Oft wissen Menschen lange nicht, ob sie dem, was sie erleben, auch trauen können. Sie fürchten, an der Nase herumgeführt zu werden, Illusionen zu verfallen, und oft genug geschieht es auch.

Die innere Begleitung darf nicht verwechselt werden mit einer dem Menschen innewohnenden moralischen Instanz, dem inneren Polizisten oder Richter, der im Hintergrund lauert, kontrolliert und beurteilt. Meistens dauert es einige Zeit, bis Menschen das innere Erkennen deutlich wahrnehmen und ihm trauen können. Die Begleitung durch einen anderen Menschen hat die Funktion eines Platzhalters. Der äußere Begleiter hat zurückzutreten, wenn das innere Erkennen der begleiteten Person mit sicherer Hand die Führung übernommen hat.

Auf dem Boden bleiben

Manche Arbeitsgespräche sind für mich mit einer Fahrt nach München verbunden und das kann ermüdend sein. Diesmal war es anders. Die Sitzung ist gut gelaufen, und weil der Tag relativ frei von Terminen war, habe ich mir etwas Zeit gegönnt und bin in eine große Buchhandlung gegangen, um ein bisschen in den Büchern zu stöbern. Natürlich landete einiges auch in meinem Einkaufskorb. Die ganze Zeit über fühlte ich mich motiviert und frisch, einfach gut. Ich war mir bewusst, dass ich glücklich bin. Zwar wusste ich nicht recht warum, aber es war so, und ich sagte es mir mit Vergnügen vor. Es war ein besonderer Tag, ohne dass etwas Besonderes passiert wäre. Alles war stimmig. Ein großes JA breitete sich in mir aus, ein JA zu allem, was ist. Das tun, was gerade anstand, einfach das und sonst nichts. Was konnte schon passieren? Es öffnet sich eine ungeheure Offenheit für das, was kommen mochte. Gab es eine anstehende Entscheidung, so wurde entschieden, war es ein Warten, so wurde gewartet. Es konnte nichts Unwillkommenes passieren. Unerschütterliche Gewissheit machte sich breit, dass ich geeint bin mit allem, was ist, ein unbändiges Vertrauen, dass ich in jeder nur denkbaren Situation immer auch die nötige Kraft haben würde, daran zu wachsen. Es gibt keine Vernichtung, es gibt keinen Tod, nur das eine Leben in unzähligen Formen.

Im Grunde ist es ganz einfach: Gott ist. Damit ist alles gesagt. Ich mache einen Schritt und dieser Schritt besteht aus

„Gott ist". Jede Bewegung, jeder Blick – immer nur „Gott ist". Dann erst kommt der Verstand und sagt: „Ja, aber…" und sucht nach Ausdrucksweisen und Umschreibungen, um das Erlebte zu erfassen. Dieses „Gott ist" war damals in mir noch ziemlich unbeholfen, denn ich habe dabei die Orientierung auf der Straße verloren. Ich musste den richtigen Weg suchen und wusste anschließend nicht, welche S-Bahn ich zu nehmen hatte. „Bleib auf dem Boden", dachte ich, und in dem Moment wurde mir klar, was spirituelle Meister immer wieder betonen. Spirituelle Erfahrung und der ganz normale Alltag sind wie die zwei Seiten einer Medaille. Spirituelle Erfahrungen sind in den Alltag zu integrieren. Sie geben uns Flügel und ermöglichen uns das Fliegen, aber unser Platz ist auf der Erde, und wir müssen lernen, wieder in der Realität zu landen. Spiritualität und Alltag sind nicht voneinander getrennt, sondern beide machen unser Leben aus, das so ist, wie es ist. In dieser Einheit zu leben und sie bewusst zu erleben, das ist Kontemplation.

Äußere und innere Motivation

Viele Einrichtungen in Sport, Politik oder Kirche sind auf das Ehrenamt angewiesen. Ohne Menschen, die sich unentgeltlich einsetzen, könnten viele Institutionen nicht existieren oder müssten ihre Aktivitäten stark reduzieren. Bei einem Vortrag über die Bedeutung des Ehrenamtes ging es darum, wie Menschen motiviert, gewonnen und begleitet werden können. Im anschließenden Gespräch wurden brauchbare Vorschläge gemacht, gute Ideen und nützliche Anregungen wurden vermittelt. Anwesende haben sich interessiert gezeigt und sind mit guten Vorsätzen nach Hause gegangen. Nun hätte in den nächsten Wochen und Monaten ein Motivationsruck durch die ehrenamtlichen Mitarbeiter der Stadt gehen müssen, doch darauf warten die Verantwortlichen bis heute.

Das Wissen um die richtige Antwort löst noch lange nicht das Problem. Selbst wenn wir uns fest vornehmen, die Dinge besser zu machen, wird es nicht immer helfen, wenn die Kraft zum Umsetzen fehlt. Dann würde es uns ähnlich gehen wie dem Patienten, der seine psychischen Probleme zwar kennt, der genau weiß, was ihm fehlt und was er tun müsste, um seine Störungen zu überwinden, es aber nicht schafft, sein Wissen anzuwenden. Vergleichbares habe ich vor Jahren im Religionsunterricht erlebt, als ein Schüler fehlerfrei die Zehn Gebote aufsagen konnte und genau wusste, was sie bedeuten. Es dauerte aber keine zehn Minuten, als er dann auf dem Pausenhof mit rotem Kopf auf dem Boden lag und einen anderen Schüler verprügelte. Ähnlich erleben wir es bei einem Raucher oder einem Trinker, der damit aufhören will. Einige schaffen es, andere nicht.

Manchen Meditierenden geht es ähnlich. Sie wissen, dass die tägliche Meditation wichtig ist, und sie haben die feste Absicht, morgens früher aufzustehen, um zu meditieren, und bringen es doch nicht fertig. Wir kennen das Problem und kennen die Lösung. Sie scheint griffbereit zu sein und dennoch schaffen wir es nicht, sie zu realisieren. Neben Wissen und gutem Willen ist auch die Veränderung auf einer tieferen Ebene nötig. Diese kann niemand erzwingen. Sie braucht Zeit, viel Geduld und kann um mehrere Ecken führen. Manchmal ist auch Hilfe von außen nötig, aber kein Begleiter, Seelsorger oder Therapeut kann eine tiefgreifende Veränderung „machen". Wo Menschen zum Therapeuten oder zum spirituellen Begleiter gehen wie zu einem fälligen Frisörbesuch und ihm mit der Einstellung begegnen: „Jetzt machen Sie mich mal gesund", dort können sie sich den Weg und das Geld meistens auch sparen. Das begleitende Gespräch oder die Therapie kann wertvolle Hilfe zur Selbsthilfe geben. Sie hilft, Ursachen für Probleme zu erkennen, und zeigt die Richtung auf, um eine festgefahrene Einstellung zu ändern. Die entscheidenden Schritte muss der Hilfesuchende aber selbst machen. Er hat die Aufgabe, das im Gespräch oder in der Therapie Erkannte bei sich anzuwenden.

Eine tiefgehende Veränderung wird zugelassen, nicht gemacht. Sie wird empfangen, nicht erzwungen. Auf dem inneren Weg „machen" wir weder Heilung, noch Erlösung oder Erleuchtung. Wir schaffen lediglich geeignete Voraussetzungen dafür, dass Prozesse in uns beginnen können, die uns von Grund auf und nachhaltig auf den Weg der Heilung zur Persönlichkeitsentfaltung und zu einem neuen, sinnerfüllten Leben führen.

Wir haben genug Zeit

Oft höre ich den Satz „Ich habe keine Zeit! Ich nehme mir vor, jeden Tag zu meditieren, und dann bringe ich es entweder nicht fertig oder ich schaffe es nur für wenige Tage." „Ich habe keine Zeit, weil ich zu viel Arbeit habe, weil ich mich um die kranke Oma kümmern muss." Das kann eine Ausrede sein, muss es aber nicht. Denn vielleicht möchten diese Menschen wirklich mehr Zeit haben für die tägliche Stille. Aus irgendwelchen Gründen aber schaffen sie es nicht und meinen, dass sie eben keine Zeit haben.

Wenn ich den Zeitmangel mit dem Hinweis darauf hinterfrage, dass es außerhalb der Arbeit doch einiges gäbe, wofür die Zeit reicht, stellt sich schnell heraus, dass darunter manche Belanglosigkeiten sind, auf die sich ebenso gut verzichten ließe. So gibt es Zeittöter wie stundenlange Telefonate über Nichts. Es gibt völlig uninteressante Fernsehsendungen, die schließlich doch zu Ende angeschaut werden müssen, und nicht wenige Menschen vergeuden viel an kostbarer Zeit mit Blättern in Zeitschriften. Jeder pflegt seine eigenen Zeittöter und nicht Wenige gehen ihnen auf den Leim. Die Zeitanalyse endet meistens mit dem Eingeständnis, dass es letztendlich nicht ein Zeitproblem ist, wenn Menschen keine Zeit für die Stille finden. Es ist entweder eine Frage der Prioritäten im Sinne von „Was ist mir wichtiger?" oder es gibt tiefer liegende Gründe dafür. Der Wille ist da, und wenn es so weit ist, bringt sich eine ganz andere Tendenz ins Spiel. Sie sagt: „nicht jetzt, später", „Nur noch schnell dieses Telefongespräch erledigen", „Räume erst einmal auf" oder sie bringt andere, mehr oder weniger plausible Erklärungen, warum es gerade jetzt nicht geht. Sie alle enden in der Feststellung: „Ich habe keine Zeit."

Wer sich wirklich die Zeit für Stille nehmen will, sollte sich nicht auf Einwände und Dialoge einlassen. Ich denke da an die Erfahrungen der ersten christlichen Mönche und Nonnen, der Wüstenväter und Wüstenmütter, die seit dem Ende des dritten Jahrhunderts nach Christus vor allem in den Wüsten Ägyptens, Palästinas und Syriens gelebt haben. Wer sein Ziel erreichen will, soll nicht ständig zurückschauen. Wenn nach einer Entscheidung Zweifel kommen, soll man mit ihnen kein Gespräch anfangen, denn in dem Augenblick hätte man schon verloren. Es gibt Tendenzen in uns, mit denen kein Gespräch möglich ist, sondern wo nur ein konsequentes Nein zum Ziel führt.

Möglich ist auch die gegensätzliche Vorgangsweise. Wir können versuchen nachzuspüren, welchen Namen jene Stimme in uns hat, die verhindert, dass wir uns Zeit für Stille nehmen. Vielleicht steckt hinter dem Widerstand ein legitimes Bedürfnis, das wir uns nicht eingestehen können oder wollen. Wir können versuchen dahinterzukommen, indem wir ein imaginäres Zwiegespräch mit diesem unbekannten Etwas suchen, etwa: „Wer bist du? Was willst du wirklich? Was muss geschehen, damit du mich nicht mehr behinderst?" Wir halten nach jeder Frage kurz inne und achten darauf, ob uns etwas bewusst wird. Wenn nicht, dann lassen wir es wieder und probieren es nach einiger Zeit erneut. Wir denken über die mögliche Antwort nicht nach, sondern versuchen sie zu erspüren. Wenn wir ins Schwarze treffen, so wissen wir das auch. Fehlt es an Lebensfreude, so möchten wir das verständlicherweise ändern. Einige Menschen verfallen dann ins andere Extrem und versuchen hemmungslos und rücksichtslos das bisher nicht Gelebte zu leben. Das Ego bläht sich auf. Nicht wenige von ihnen wenden sich dann von der spirituellen Praxis ab und übersehen, dass die vorherige Erkenntnis bereits eine Folge dieser Praxis war und sie nur die falschen Schlussfolgerungen daraus gezogen haben.

Es geht immer um das richtige Gleichgewicht. Nicht gelebte Bedürfnisse brauchen einen Raum und sollen zugelassen werden. Sie müssen nicht immer ausgelebt werden, aber wir sollten ehrlich zu uns selbst sein und nichts verdrängen. Genauso wichtig ist es, dass wir dem bisher Ungelebten nicht verfallen und uns darin nicht verlieren. So kann die Bewusstheit, die mit der kontemplativen Praxis zusammenhängt, wertvolle Hilfe im Alltag sein. Sie bringt uns näher zu uns selbst. Das Leben wird authentischer.

Andere Wege

Im Kloster Armstorf, wo ich seit Jahren Kurse leite, begegne ich gelegentlich einem älteren Herrn. Er war jahrzehntelang bis zu seiner Pensionierung Professor für Philosophie. Einmal hat sich ganz zufällig zwischen uns ein Gespräch entwickelt. In der Folgezeit habe ich Gespräche mit ihm gesucht. Herr Professor hat nie Kontemplation als spirituellen Weg praktiziert. Trotzdem hat er auf seinem Weg über die Wissenschaft eine Reife erzielt, wie ich sie nur bei tief spirituellen Menschen kenne. Er ist mit Leib und Seele Philosoph, doch die Wissenschaft ist für ihn kein Selbstzweck, sondern steht im Dienst des Lebens. Es geht ihm um das Menschsein, nicht um philosophische Konzepte.

Das Menschsein ist auch Sinn und Ziel der Kontemplation, die wir auch Weg der Menschwerdung nennen können. Der Mensch soll mehr Mensch werden. „Erkenntnis im Zustand von Liebe",[13] nennt Bede Griffiths diese Art zu leben.

Einmal erzählte ich dem Professor vom integralen Ansatz Ken Wilbers,[14] der mich damals sehr inspiriert hat. Der Philosoph hörte sich meine Ausführungen geduldig an und sagte anschließend – gar nichts. Mir war klar, dass er nicht einfach sprachlos war. Ich sah ihn fragend an. Seine Antwort kam nach einer langen Pause. „So wie Sie es dargelegt haben, ist es ein sehr plausibles Konzept. Alles findet sich in dieser Struktur wieder: der Mensch als Individuum, die Wissenschaft, Ethik, sowie kulturelle und gesellschaftliche Aspekte. Gleichzeitig ist die Entwicklung des Menschen durch verschiedene Bewusstseinsebenen nach vorne offen. Ein wunderbares Konzept, in dem alles eingebunden werden kann. Es beinhaltet auch die Entwicklung des Konzeptes selbst und ist sogar offen dafür, dass es durch ein besse-

---

13 Vgl. Anm. 7, S. 37.

14 Ken Wilber: *Ganzheitlich handeln. Eine integrale Vision für Wirtschaft, Politik, Wissenschaft und Spiritualität*, Freiamt 2001.

res ersetzt werden kann." Nach einer weiteren Pause fügte er hinzu: „Aber es ist immer noch ein Konzept."

Ich war verblüfft. Er weiß doch, dass mir die Praxis wichtiger ist als Konzepte. Warum sagte er das? Wir haben dann nicht mehr über dieses Thema gesprochen. Ich wusste, dass ich selbst herausfinden musste, was er mir sagen wollte. Es dauerte eine Zeit lang, bis mir sein Unbehagen klar wurde. Er als Denker wollte mir vermitteln, was er selbst in Jahrzehnten wissenschaftlicher Forschung gelernt hat. Es war, als hätte er direkt zu mir gesprochen: „Üben Sie das Denken, entwickeln Sie Konzepte, aber dann vergessen Sie Ihre Konzepte wieder. Das Leben ist mehr." Unser Denken ist ein wichtiges Steuerungssystem. Wir sollten es nach Möglichkeit ausbilden, aber wir dürfen nicht vergessen, dass es ein Werkzeug im Dienst des Lebens ist. Es ist nicht das Leben selbst.

Der kontemplative Weg lehrt uns, der angeborenen Intelligenz, über die wir alle verfügen, zu vertrauen. Er schließt das Denken ein, integriert und übersteigt es. So wichtig Bildung auch ist, wir brauchen uns nichts auf sie einzubilden. Damit würden wir nur eine Blockade zu den Erfahrungsräumen in unserem Inneren aufbauen. Zu Recht sagen Teresa von Ávila und andere Mystiker, dass Bescheidenheit und Demut eine wichtige Voraussetzung für echte spirituelle Entwicklung sind. Konzepte haben die Funktion eines Skeletts, sie schaffen Strukturen und geben Halt, aber sie können Fleisch und Blut nicht ersetzen. Echte Spiritualität meint immer den ganzen Menschen mit Skelett, Fleisch und Blut, mit Leib und Seele. Konzepte, Wissen und Denkvermögen gehen da nicht verloren. Sie schaffen geeignetes Umfeld und ermöglichen der angeborenen Intelligenz, sich zu entfalten. Der Verstand mit seinen Konzepten wirkt dabei ordnend und steuernd, aber im Hintergrund. Er hat einzusehen, dass er zwar sehr wichtig ist, aber nicht der alleinige Herr im Haus des Lebens sein darf.

Ur-Worte, die das Leben schreibt

Eine der Meditationsübungen besteht darin, ein Wort mit dem Atem zu verbinden. Wir folgen dem Atem und wiederholen dabei das Wort. Die erste Hälfte des Wortes sprechen wir während des Einatmens, die zweite Hälfte beim Ausatmen. Am besten geeignet sind kurze Worte mit eher dunklen Vokalen „o", „u" oder „a". Es kann das Wort „Du", „Schalom", „Jesus", „Maranatha", ein anderes Wort oder auch ein kurzer Satz in beliebiger Sprache sein. Wenn wir uns für ein Wort entschieden haben, sollten wir dabei bleiben und es nicht ständig ändern. Zunächst beschäftigen wir uns damit, was das Wort bedeutet oder wo wir uns mit seiner Bedeutung schwertun. Allmählich wird es uns vertraut, und Gedanken, die vorher unsere Aufmerksamkeit unterbrochen haben, verebben. Es bleibt nur der Klang und Rhythmus des Wortes, das mit der Zeit ins Unterbewusstsein sickert. Dort wirkt es, ohne dass wir uns darauf willentlich konzentrieren müssen. Es begleitet uns zunächst vor allem in Zeiten der Ruhe und Entspannung und auch während einer einfachen Tätigkeit: wenn wir spazieren gehen, Treppe steigen, auf einer Kreuzung warten, Geschirr spülen oder im Garten arbeiten. Mit der Zeit verstärkt das Wort seine Präsenz, es begleitet uns durch den Tag, und als Gebetswort ist es uns sogar in der Nacht gegenwärtig. Die unmittelbare Folge ist, dass wir alles, was kommt, bewusster erleben.

Ich habe mich zu Beginn meines eigenen Übungsweges für das Wort „Jesus" entschieden, weil die Person Jesu für mich ein stimmiger Ausdruck meines religiösen Selbstverständnisses war. Jesus war mir vertraut, er war mein Begleiter fürs Leben. „Jesus" auszusprechen, Jesus zu atmen, war erfüllend. Es gab meiner Gebetszeit einen Sinn, den ich nicht wahrgenommen hätte, wenn ich allein den Atem oder die Achtsamkeitsübung zum Brennpunkt der Aufmerksamkeit gemacht hätte. „Jesus" war mein Wort. Doch nach einiger Zeit ist es mir entglitten. Plötzlich war es weg und es gab nur das, was gerade da war: Atem, Geräusch, Stimmen, den Körper. Irgendwann kehrte das Wort wieder zurück und ich verwendete es wieder.

Eines Tages entglitt es mir vom Neuen. Doch diesmal war es anders. Ich empfand mein vertrautes Wort nicht mehr als stimmig, es war als ob es nicht mehr mein Wort wäre. Mein „Sitzen" war begleitet von einer Spannung, die ich mir nicht erklären konnte. Ich wusste, dass ich da hindurch musste, und ich habe nach wie vor mit meiner gewohnten Übung weitergemacht. Allmählich ging mir auf, dass sich etwas an meinem bisherigen Jesusverständnis geändert hatte. Es war, als ob die Schnur gerissen war, die meine bisherigen Christusbilder zusammengehalten hatte. Jetzt habe ich sie als Vorstellungen erkannt, an die ich mich geklammert habe. Mir wurde bewusst, wie viele Bilder und Konzepte bezüglich der Gestalt Jesu immer noch in mir waren. Bisher hegte ich die Illusion, alle Fixierungen und eigenen Vorstellungen bereits aufgegeben zu haben. Denn schon lange war für mich das Wort Jesus Sinnbild für eine Wirklichkeit, die unendlich viel größer ist als mein begrenztes Bild von ihm. Jesus Christus wurde über Jahre zu einem großen, vertrauten wie auch unbekannten Du, mit dem ich untrennbar verbunden war. Damit ersetzte ich ein Bild durch ein anderes, aber es war immer noch ein Bild.

Da erinnerte ich mich an ein dramatisches Erlebnis, das schon viele Jahre zurücklag: Während einer spirituellen Krisensituation war ich in einer beängstigenden seelischen Notlage. Die Unruhe drängte mich zu einer Wanderung in einem nahegelegenen Wald. Dort begann ein innerer Kampf zwischen Ich und Du. Das Ich erschien mir wie ein dunkles, dämonisches Ungeheuer. Die Auseinandersetzung steigerte sich zu einem Kampf auf Leben und Tod. Ich wollte mich dem Du, mit dem Christus gemeint war, überlassen, aber er entglitt mir. Je mehr ich nach diesem DU rief, umso mehr hat eine bedrohliche Dunkelheit versucht, Besitz von mir zu ergreifen. Im Augenblick äußerster Verzweiflung schrie ich dieses DU mit ganzer Kraft und laut aus mir heraus. Dann noch einmal und noch einmal, bis ich spürte, dass mich die Kräfte verließen. Als ich fast nicht mehr konnte, schrie ich noch ein letztes Mal mit aller noch verfügbaren Kraft und aus tiefster Seele „Du" und fiel zu Boden in dem Bewusstsein, dass nun alles aus war. Danach wurde es still in mir und um mich. Es war nicht alles aus. Ich lebte, und der ganze Wald atmete Frieden. Später wurde mir gesagt, dass Psychologen mein Erlebnis im Wald Urschrei nennen. In der Tat hatte das bei mir eine starke therapeutische Wirkung.

Nun – Jahre später – war dieses DU wieder da als Urwort, das unsagbar mehr war als tiefe Verbundenheit. Es war ein kraftvolles, machtvolles, das ganze Universum durchdringendes DU. Alles war von ihm erfüllt, erschüttert, umarmt. Es gab nichts, das nicht „DU" war, keine Unterscheidung, kein Ich oder Wir, kein Es oder Nichts: nur Du.
Mir kam „Das Lied Du" aus den „Erzählungen der Chassidim" von Martin Buber[15] in den Sinn. Ich war mir sicher zu wissen, was er meinte, auch wenn ich es selbst anders ausgedrückt hätte.

„Wo ich gehe – du!
Wo ich stehe – du!
Nur du, wieder du, immer du!
Du, du, du!
Ergeht's mir gut – du!
Wenn's weh mir tut – du!
Nur du, wieder du, immer du!
Du, du , du!
Himmel – du, Erde – du!
Oben – du, unten – du!
Wohin ich mich wende, an jedem Ende
Nur du, wieder du, immer du!
Du, du, du!"

---

15 Martin Buber: *Die Erzählungen der Chassidim*, Zürich 1949, S. 342.

Seither ist „Du" für mich nicht mehr eine dualistische Äußerung, sondern ein adäquater Ausdruck für die Erfahrung einer Wirklichkeit, die unendlich viel größer ist als jedes Bild von einem Du und größer als ich. So ist mir das „Du" zu einem weiteren Ur-Wort geworden, in dem alles enthalten ist und nichts ausgeschlossen. Es beinhaltet alle Bilder und Vorstellungen, und doch ist es frei von jedem Bild, jedem Konzept und jeder Einengung. Solche Ur-Worte sind begrenzte menschliche Versuche, die unendliche göttliche Fülle des Erlebten in Worte zu fassen. Alle diese Versuche sind Bruchstücke des einen und unaussprechbaren Wortes, das die Fülle des Seins und die ganze Wahrheit umfasst. Menschliche Worte bleiben ungenügend, unbeholfen, und dennoch sind sie die einzige Möglichkeit, die wir haben. Jeder von uns hat seine eigenen Ur-Worte. Jedes von ihnen hat seine bewegte Geschichte. Es wächst zwischen Lachen und Weinen des Alltags. Hier lernen wir, es zu buchstabieren.

Es gibt immer eine Tür

Über viele Jahre hinweg habe ich darauf hingearbeitet, ein spirituelles Zentrum einzurichten, eine Schule des Gebetes, in welcher Kontemplation und der Umgang mit der Stille praktiziert und gelehrt werden kann. Ich sah darin geradezu einen Auftrag. Zusammen mit Freunden haben wir einen Verein gegründet, Konzepte entwickelt und Anträge gestellt.

Es ist schwierig, ein solches Haus auf der Basis der Gemeinnützigkeit zu betreiben und es gleichzeitig zu finanzieren. Da ich im kirchlichen Dienst war und es als vordringliche Aufgabe der Kirche verstand, Bemühungen um spirituelle Vertiefung zu fördern, wandte ich mich vor Jahren an die Bistumsleitung. Das Anliegen wurde zwar anerkannt, aber es gab immer genügend Argumente dagegen. In Teilen der Kirchenleitung kam schnell der Verdacht auf, dass solche Aktivitäten nur eine esoterische Modeerscheinung seien. Die Nähe zu fernöstlichen Meditationsformen wie Zen oder Vipassana wurde als Leugnung eines personalen Gottesbildes und als Versuch einer Selbsterlösung missdeutet.

Es gab nie ein klares Nein zu unserem Vorhaben, aber auch keine deutliche Unterstützung. Es war bitter, zu sehen, wie große Summen Geld für die Finanzierung von Projekten ausgegeben wurden, die dann nicht wirklich genützt wurden.

Um Stille zu erfahren und beten zu lernen – so ist bis heute die gängige Meinung der Verantwortlichen – sollen die Leute in die Kirche gehen. Dagegen ist nichts einzuwenden, aber es genügt nicht. Alle erkennen an, dass es gerade im Bereich der Spiritualität viel zu tun gibt. Dass aber „Biotope des Glaubens", von denen die Bistumsleitung gerne sprach, auch „Schulen des Gebetes brauchen", wurde nicht gesehen. Es fehlt bis heute die aktive Unterstützung für die Einsicht, dass die Vertiefung des religiösen Lebens ein Lernprozess ist und seine eigene Gesetzmäßigkeit hat. Viele erkennen zwar an, dass Stille und Hinhören ebenfalls wichtig sind und dass Gebet mehr ist als nur Worte zu sprechen. Dass aber unsere Gedanken immer noch eine Form von Reden sind, wird nicht mehr deutlich erkannt. Nicht gesehen wird auch, dass Stille mehr ist, als nur ein äußerer oder innerer Raum, den wir zeitweise aufsuchen, um Gott näher zu sein. Sie ist auch ein Zustand und ein Weg. Wenn alle gedanklichen Aktivitäten verstummen, muss das nichts mit Friedhofsruhe zu tun haben. Die Stille der Kontemplation ist das, was eine fruchtbare Erde für die Pflanze ist. In Verbindung mit Licht und Feuchtigkeit lässt sie die Pflanze wachsen. So auch die Stille. In ihrem Schutz und mit ihrem Nährboden können wir das Leben, das aus der Stille erwächst, erfahren. Das Loslassen aller Bewusstseinsinhalte in der Stille ermöglicht uns zu erkennen, wer wir als Mensch wirklich sind und was wirklich wichtig ist im Leben. Und wir bekommen die Kraft, entsprechend zu handeln. Die Erfahrung selbst kann nicht vermittelt werden, aber der Weg dorthin kann aufgezeigt, gelehrt und geübt werden Er ist mit allem gepflastert, was menschlich, manchmal allzu menschlich ist.

Einmal waren wir mit dem Anliegen einer „Schule des Gebetes" ganz nahe dran. Es gab Unterstützung im obersten Gremium der Bistumsleitung. Wir hatten ein geeignetes Objekt gefunden, das in kirchlichem Besitz war und seit Jahren leer stand. Der Antrag wurde eingebracht, besprochen – und abgelehnt. Die Enttäuschung über die Verweigerung derer, die eigentlich in der vordersten Front hätten stehen müssen, war groß.

Dieses Ereignis leitete eine Wende für mich ein. Zumal wir ein Konzept vorgelegt haben, das keine zusätzliche Finanzierung benötigt hätte, wenn das Gebäude zur Verfügung gestellt worden wäre. Selbstverständlich sprach ich über die Enttäuschung mit meiner Frau. „Es gibt immer eine Tür", sagte sie, „vielleicht bist du zu sehr auf die eine Richtung fixiert, wo es keine Tür für dich gibt. Schau dich um, sicher öffnet sich anderswo eine Tür." Es dämmerte mir, ich haftete zu sehr an dem Anliegen der „Schule des Gebetes". Es geht nicht um Häuser oder Konzepte, es geht um den Weg. Es hat auch Vorteile, kein eigenes Haus zu haben. Wir haben keine Probleme, geeignete Häuser für die Kurstätigkeit zu finden. Überall sind wir eine gern gesehene Gruppe. Alle bestehenden Häuser können ein Stück zu Hause für uns sein. Es muss nicht meine Aufgabe sein, selbst ein Haus zu leiten, was auch Abhängigkeiten mit sich brächte.

So habe ich erfahren, was ich vorher zwar gewusst, aber nicht wirklich realisiert habe. Mein Kontemplationszentrum muss nicht irgendwo in Bayern stehen, sondern es ist in mir. Meine Aufgabe ist es, zu leben und zu verwirklichen, dass der eigentliche Ort der Spiritualität jener Ort ist, an dem ich gerade bin. Das kann ein Haus der Stille genauso sein wie der Wald, die Wüste oder eine Großstadtwohnung. Jeder Ort, jedes Haus kann zur Oase des achtsamen Innehaltens, der Ruhe und Gotteserfahrung werden, selbst das eigene Büro, die Küche oder der Garten. Meditierende wissen es schon lange, aber haben sie es auch umgesetzt? Nicht da oder dort ist der Ort, an dem Gott verehrt wird, sondern im Geist und in der Wahrheit, sagte Jesus zur Samariterin am Jakobsbrunnen.

Es gibt immer eine Tür. Vielleicht starren wir nur in die falsche Richtung, sind fixiert auf das, was zuerst anders werden müsste, bevor es besser wird. Vielleicht brauchen wir uns nur zu lockern, loszulassen, vertrauensvoll in andere Richtungen zu schauen und uns für neue Möglichkeiten zu öffnen. Wer entschlossen ist, seinen Weg wirklich zu gehen, der geht ihn – hier und jetzt und wo immer er lebt.

Loslassen können

Einmal ging ich durch die Münchener Fußgängerzone, sah die vielen Auslagen, tausende Dinge, Menschen und bunte Farben um mich herum. Es machte mir Freude, dem zuzuschauen. Mit einem Augenblick wurde mir bewusst: „Das alles brauche ich nicht." So viele schöne Dinge gibt es auf der Welt und ich brauche sie nicht. Ein Gefühl großer Freiheit durchströmte mich, Freiheit vom Drang nach Habenwollen. Kein Druck, dass ich auf irgendetwas verzichten sollte oder müsste. Die Dinge anzuschauen war schön, aber der Blick war frei von jedem Wunsch, irgendetwas davon zu besitzen.

Diese Erfahrung führte nicht dazu, dass ich seitdem immer gelassen und frei durchs Leben gehen kann, aber sie hat wichtige Spuren hinterlassen.
Ich erinnere mich an einen Freund, der gerne malt. Er liebt es, sich in der Großstadt in ein Café zu setzen, die Men-

schen zu beobachten und ihre Gesichter zu studieren. Einmal erzählte er: „Viele hetzen von einem Ort zum anderen, als wollten sie etwas Wichtiges erreichen und das möglichst schnell und problemlos. Die Gier, etwas haben zu wollen oder etwas zu erleben, ist ihnen ins Gesicht geschrieben." Unsere Welt scheint voll zu sein von Menschen, die von einem Genuss bringenden Erlebnis zum anderen eilen und dabei doch unerfüllt bleiben.

Der Besuch in der Stadt und die Begegnung mit der „Normalität" des Lebens führte mir eine alte Weisheit neu vor Augen. Das Geheimnis eines sinnerfüllten Lebens liegt im Loslassen. Das ist kein gewaltsamer Verzicht, und es ist auch nicht widernatürlich, wie manche vermuten dürften. Das Gegenteil ist der Fall. Es wäre widernatürlich, den vielen und widersprüchlichen Wünschen des Augenblicks nachzulaufen. Das würde uns nur verwirren und unzufrieden machen.

Loslassen besteht aus „los" und „lassen". „Los" kommt von lösen, was auch heißt, dass ich von etwas befreit werde. Ich komme los, bin nicht mehr abhängig. „Lassen" bedeutet freigeben, aus der Abhängigkeit lösen. Darin steckt viel Freiheit. Ich kann, muss aber nicht. Dies kann heißen, dass ich Dinge, die ich loslasse, durchaus schätze und würdige. Ich darf sie genießen, kann sie aber auch wieder lassen. Es gibt keine Abhängigkeit von ihnen, kein Anhaften. Um alles und letztlich sich selbst loszulassen, genügt es nicht, sich zu bemühen und es nur zu wollen. Der Prozess, der zum befreienden Loslassen führt, benötigt oft viel Zeit und wird von Widerständen begleitet. Manches wollen wir nicht loslassen, weil es uns lieb und teuer geworden ist. Viele Eltern tun sich schwer, ihr Kind in die Eigenständigkeit freizugeben. Sie haben Angst, es zu verlieren. Es gibt auch Gewohnheiten, schmerzhafte Erinnerungen, die wir nicht loslassen können, obwohl wir es möchten.

Wenn Menschen vom Loslassen sprechen, so wollen sie vielleicht nur ein Problem loswerden. Loslassen ist aber nicht gleichbedeutend mit loswerden. Vom Loswerden sprechen wir, wenn wir etwas von uns wegschieben. Meist sind es unangenehme, lästige oder schmerzhafte Situationen. Loslassen können wir nur das, was wir vorher angenommen haben, was wir also an-uns-genommen, akzeptiert haben. Uns selbst anzunehmen, wie wir sind, einen Schicksalsschlag wie z. B. eine schwere Krankheit anzunehmen oder auch eine schwierige Person zu akzeptieren, gehört zu den schwierigsten Schritten. Wenn sich jemand über seinen Vorgesetzten ärgert, genügt es nicht, den Ärger loswerden zu wollen und es dann Loslassen zu nennen. Die Tatsache, dass ich Ärger, Wut oder sogar Hass empfinde, dass ich also diese Gefühle habe, ist zu akzeptieren. Emotionen müssen nicht ausgelebt, wohl aber angeschaut und angenommen werden. Erst dann wird ein echtes Loslassen überhaupt möglich. Für mich war es einmal in einer vergleichbaren Situation eine erschreckende Entdeckung, als ich feststellen musste, dass ich fähig bin zu hassen. Ich musste mich erst zu dieser beschämenden Einsicht durchringen und wahrnehmen, wie sich Hass anfühlt und wie es sich anfühlt, ein hassender Mensch zu sein. Dann erst ist die Spannung von mir abgefallen. Erst eine Zeitlang später war ich in dieser Sache frei. Ganz langsam entwickelte sich das Mitgefühl für den betreffenden Menschen und Akzeptanz. Im Nachhinein erkannte ich, dass das eigentliche Problem nicht der andere Mensch war, sondern das Annehmen der eigenen Gefühle. Das Loslassen selbst empfand ich als befreiend. Die Befreiung war nicht meine Leistung, hatte nichts mit eigenem Wollen oder Können zu tun, sondern ich erlebte sie als Geschenk.

Wenn wir in die Stille gehen, um uns im Loslassen von gedanklichen Konzepten, Wünschen und Plänen zu üben, ermöglichen wir einen inneren Versöhnungsprozess. Es ist wichtig, sich klar zu machen, dass nichts davon, was wir denken, sagen, tun oder empfinden, unser Feind ist. Alle Gedanken, Regungen und Empfindungen dürfen sein, aber wir müssen nicht von allem Gebrauch machen, müssen nicht alle Impulse ausleben. Uns selbst anzunehmen und loszulassen, ist ein wichtiger Doppelschritt, dem eine befreiende Auflösung innerer Konflikte folgt.

Das Ego und seine Grenzen

Wenn wir bewusst loszulassen versuchen, stoßen wir unweigerlich an unsere Grenzen. Das Loslassen fällt uns manchmal leicht, ein anderes Mal schwer. Manchmal möchten wir zwar loslassen, schaffen es aber nicht. In allen diesen Situationen begegnen wir unserem Ich, dem Ego in seinen unterschiedlichsten Auswirkungen und Tendenzen. Einige davon sind:

→ Das Ego ist schnell beleidigt, denn es nimmt alles persönlich. Beleidigung vergisst es nicht, sondern lässt sie bei verschiedenen Gelegenheiten immer wieder aufleben.

→ Vom Ego gesteuerte Menschen können wegen Kleinigkeiten unendlich lange und heftig streiten, denn das Ego liebt es, Recht zu haben. Es vermittelt das angenehme Gefühl der Überlegenheit.

→ Manche Menschen können stundenlang über andere reden, vergleichen und urteilen. Sie machen sich zum Richter, was ihnen die Genugtuung des Gefühls vermittelt, über den Dingen und über anderen zu stehen.

→ Das Ego vergisst leicht den Menschen, der sich hinter den Aufgaben und verschiedenen Rollen verbirgt. Es identifiziert sich mit dem, was der Mensch weiß, kann, hat oder als was er vor anderen gilt.

→ Das Ego meidet bewusste Präsenz, denn sie ist das Gegenteil von Urteilen, Vergleichen und Bewertungen, die dem Ego eigen sind.[16]

Die meisten Menschen sind sich in ihren Alltagssituationen nicht bewusst, dass sie von ihrem Ego gesteuert werden. Wenn sie ihr Ich betrachten, ist es wie das Schauen in einen Spiegel. Wir sehen das Ich, aber wer da schaut, ist ebenfalls das Ich. Es dreht sich einfach nur im Kreis um sich selbst.

---

16 Vgl. dazu Eckhart Tolle: *Eine neue Erde. Bewusstseinssprung anstelle von Selbstzerstörung*, München 2005, S. 68-94.

Viele versuchen, den Spiegel zu reinigen, indem sie sich bemühen, mit ihren Gedanken, Worten und Handlungen ehrlich und glaubhaft umzugehen, was für unser Zusammenleben unerlässlich ist. Doch ein dominierendes „Ich" bleibt auch dann ein „Ich", wenn es das Beste will und nach hohen ethischen Prinzipien handelt, wie auch ein reiner Spiegel immer noch ein Spiegel bleibt. Dagegen ist absolut nichts einzuwenden und unsere Welt würde besser aussehen, wenn alle Menschen danach leben würden. Doch tiefere, transpersonale Spiritualität meint etwas Anderes. Dieses noch so edle „Ich" ist nicht unsere wahre Identität, denn es gibt eine Wirklichkeit in uns, die mehr ist als das bestentwickelte Ich. Die Grenzen des Ich werden gesprengt in der Erfahrung dieser anderen Wirklichkeit. Die Bibel nennt sie Gott, ewiges Leben, Reich Gottes. Andere Religionen nennen sie anders, verwenden andere Bilder, andere Erklärungen, aber immer versuchen sie, das auszusprechen, was größer ist, als jede Sprache, jedes Bild. Die Möglichkeiten des menschlichen Ausdrucks sind begrenzt. Vielleicht ist es gerade diese Begrenzung, die Menschen zu großartigen Werken anspornt. Im Wort, Bild, Tanz und in der Musik versuchten sie zu allen Zeiten das auszudrücken, was nicht ausgedrückt werden kann, weil es unendlich viel größer ist als ihre Ausdrucksmöglichkeiten und größer ist als sie selbst, worüber zu schweigen aber unmöglich ist.

Das andere Ich

Einer der zentralen Hinweise auf dem spirituellen Weg lautet: „Lass dein Ich los." Doch wer ist es, der da zu sich sagt: „Lass los"? Es ist wiederum das Ich, das für uns einmal Gewinn und Fortschritt bedeutet, dann wiederum Aufgabe und Herausforderung und manchmal auch eine Last. Es scheint ein Paradox zu sein: Wir brauchen ein starkes Ich und wir brauchen genau dieses Ich, um das Ich loslassen zu können. Das eigentliche Problem ist nicht die Existenz des Ich, sondern seine Dominanz. Unser Ich ist nicht das Maß aller Dinge. Wir bringen das den Kindern bei, indem wir ihnen helfen, sich durchzusetzen oder zu verteidigen, und gleichzeitig fordern wir von ihnen Rücksicht auf andere, Hilfsbereitschaft und die Notwendigkeit des Teilens.

Was ist eigentlich dieses „Ich" oder „Ego"? Die Gehirnforschung sagt, dass es in Wirklichkeit gar nicht existiert. Es ist die Vorstellung, die wir von uns selbst und von der Welt um uns herum haben. Vorgänge, die wir bewusst erleben, sind ein Konstrukt, bei dem wir nur einige Informationen selektiv auswählen. Deshalb wird das menschliche Bewusstsein gelegentlich mit einem Tunnel verglichen: Alles was wir sehen, hören, fühlen, schmecken, ist nur ein geringer Teil dessen, was es wirklich um uns herum gibt. Was uns als Wirklichkeit erscheint, ist nur eine primitive Projektion des unvorstellbaren Reichtums, der uns umgibt und dessen Bestandteil wir sind.[17] Unsere Wahrnehmung ist nicht fähig, diese Fülle vollständig zu erfassen. Sie ermöglicht uns lediglich die Orientierung, verwendet Stützpunkte, mit deren Hilfe wir lernen, die Welt um uns zu verstehen und unseren Platz darin zu finden.

Auch wenn unsere Wahrnehmung nur einen Bruchteil des Reichtums dessen, was uns umgibt, erfassen kann, sie ist die einzige Möglichkeit, um mit der uns umgebenden Welt kommunizieren zu können. Die Simulation der Welt in unserem Gehirn ist so perfekt, dass wir sie nicht als Bild erkennen, sondern für die Wirklichkeit selbst halten. So bilden wir uns eine Vorstellung von der Welt und auch eine Vorstellung dessen, was oder wer wir selbst sind. Mit einem Teil identifizieren wir uns und sagen dazu „das bin ich" oder „das gehört zu mir". Mit einem anderen Teil identifizieren wir uns nicht und sagen „das bin ich nicht", „das gehört nicht zu mir". Damit steckt das Ego seine Grenzen ab, es versucht, seinen Einflussbereich zu festigen und ihn nach Möglichkeiten auszuweiten. Wenn wir es zur höchsten und letzten Instanz unseres Handelns machen, entpuppt es sich als Ursache für Unzufriedenheit und Leid.

Demgegenüber führt das Loslassen des Ich in die innere Freiheit. Die Mystik spricht von einem Läuterungsweg, auf dem die Abhängigkeit von festgefahrenen Denk und Verhaltensmustern gelockert und schließlich ganz aufgegeben wird. Wir werden damit nicht ärmer, sondern freier. Im spirituellen Läuterungsprozess wird der eigentliche Kern,

---

17 Vgl. Thomas Metzinger: *Der Ego-Tunnel. Eine neue Philosophie des Selbst: Von der Hirnforschung zur Bewusstseinsethik*, Berlin 2009.

unser wahres Wesen freigelegt und erfahrbar. Das geschieht nicht ohne Widerstände, denn das Ich findet immer wieder Schlupfwinkel, um an seinem Selbst- und Weltbild weiter festhalten zu können. Doch allmählich kommen wir in Berührung mit unseren verborgenen Innenräumen, auch mit den dunklen, schmerzhaften, denen wir lieber aus dem Weg gehen möchten. Nichts von dem, womit wir nicht versöhnt sind, wird ausgelassen, nichts wird übersehen. Verborgene Verhaltensgründe werden aufgedeckt, wahre Motive werden entlarvt, Masken werden abgenommen, und die Wahrheit des eigenen Lebens wird sichtbar. Ein aufgeblasenes Ich zerplatzt, ein überzogenes wird gestutzt, eine schwaches gestärkt und ein krankes wird geheilt.

Indem uns die Motive für unser Denken, Sprechen und Handeln bewusstwerden, erschließt sich uns, wer wir unter der Oberfläche wirklich sind. Dort entdecken wir unser wahres Wesen, eine viel größere Wirklichkeit, die durch das kleine Ich überlagert wurde. Gleichzeitig führt diese Selbstfindung zu einem gesunden Selbstwertgefühl, das von großer Bescheidenheit begleitet wird, denn wer die Wahrheit kennt, der erahnt die Größe und Schönheit des göttlichen Wesens und kennt auch die Begrenzung des Ego. Wir werden dadurch nicht ärmer, sondern durch die Wahrheit befreit. Als Folge werden wir beschenkt: mit Lebensfreude und einem klareren Blick auf das, was wirklich ist.

Eine Weise zu leben

Gebet ist mehr als Worte zu sprechen und mehr als inne zu halten und still zu sein. Es ist auch nicht in erster Linie eine Methode, sondern die Art und Weise, wie wir leben. Wenn wir über die Straße gehen, im Garten arbeiten, Musik hören, im Supermarkt warten oder mit der Nachbarin sprechen, kann es genauso Gebet sein wie das Sprechen von Worten oder das Sitzen in Stille. Wo die von Liebe durchdrungene bewusste Präsenz zur Grundhaltung wird, dort bekommt alles eine neue Qualität. In allem, was wir tun oder sagen, scheint das eine Sein durch und nicht eigene Erwartungen, Wünsche oder Ängste. Das ist keine Frage einer bestimmten Meditations- oder Atemtechnik, wenn diese auch ihre Bedeutung haben.

Es gibt Anleitungen für das richtige Sitzen in Stille und es gibt ritualisierte Regeln, wenn in Gruppen meditiert wird. Sie wurden aus praktischen Erfahrungen entwickelt und können helfen. Sie unterstützen die bewusste Präsenz, die einfache und klare Wahrnehmung dessen, was ist. Diese Grundhaltung soll anschließend in den Alltag hineinwirken. Mit der Zeit verändert sie unser Denken, wir sehen die Dinge und die Welt mit anderen Augen. Das Leben wird zu Kontemplation und Kontemplation wird Leben. Wir können auch sagen: Das ganze Leben wird zum Gebet und das Gebet kommt aus der Mitte des Lebens.
Die Art, wie sich die bewusste Präsenz in einem Menschen äußert, kann sehr unterschiedlich sein. Der eine ist

eher heiter, ein anderer strahlt Selbstvertrauen, Kraft, Ruhe oder Gelassenheit aus. Wo charakterliche Neigungen unsere Stärke sind, dort bergen sie in sich auch den Keim der Schwäche und Verletzbarkeit. Ein fröhlicher Mensch kann leicht zur Oberflächlichkeit neigen, ein Starker kann versucht sein, andere zu manipulieren, der Ruhige und Ausgeglichene kann schnell zur Bequemlichkeit neigen.

Auf Johannes vom Kreuz geht eine Übung zurück, die er liebendes Aufmerken nennt (*atención amorosa*). Darin rät er, allen Gedanken und Empfindungen, allen Menschen und der ganzen Schöpfung mit liebender Aufmerksamkeit zu begegnen. Gemeint ist eine achtsame und wohlwollende Haltung allen Dingen und allen Lebewesen gegenüber.

Wohlwollen und Liebe, aber auch Kräfte wie Vertrauen, Friede, Entschlossenheit, Freude und Gelassenheit sind tragend für unser Menschsein. Sie sind gleichzeitig die Samen und Früchte eines gesunden Gebetslebens und damit mehr als nur Themen, über die wir zu meditieren hätten. Sie sind Wege, die zu betreten sind, weil sie uns mit der eigenen Tiefe verbinden können. Sie geben der eigenen Spiritualität ihre individuelle Prägung und eröffnen letztlich den Zugang zur Erfahrung des einen göttlichen Seins. Was anfänglich Aufgabe und Übung der bewussten Präsenz war, entwickelt sich zum Ausdruck eigener Identität. Ein Mensch, der in die Tiefenerfahrung vordringt und aus ihr heraus Vertrauen und Liebe ausstrahlt oder vom inneren Frieden durchdrungen ist, erlebt sein Leben als sinnerfüllt. Es wird zum Geschenk und zum Segen für ihn und für andere.

Wählen und lassen

Beim chinesischen Weisen Lao-Tse heißt es: „Leicht lässt er (der Weise) jenes und wählt dieses." [18]
Wer wählt, der entscheidet sich. Jede Entscheidung für etwas schränkt gleichzeitig ein und schließt andere Möglichkeiten aus. Wer sich für den Lehrerberuf entscheidet, verzichtet auf viele andere Berufe. Täglich haben wir kleine und größere Entscheidungen zu treffen. Wir wählen, was wir einkaufen, mit welchen Freunden wir uns treffen, wohin wir gehen, was wir essen und trinken und was wir sonst noch im Alltag tun oder lassen. Eine Entscheidung hat Folgen, denn sie konzentriert die Kräfte in Richtung der getroffenen Wahl und schafft damit eine neue Ausgangsbasis für die Zukunft. Täglich lassen wir Dinge, Aufgaben, Personen, Erlebnisse hinter uns und wenden uns dem zu, was vor uns ist. Durch die Wahl im Kleinen und im Großen bekommt das Leben seine konkrete Gestalt, seine individuelle Prägung.

Sich zu entscheiden kann schwierig sein, denn es können sehr widersprüchliche Wünsche und Interessen auf uns einwirken. Eine Entscheidung für etwas bedeutet oft Verzicht auf etwas Anderes. Dieses Andere sind Gewohnheiten, Vertrautes, Werte, Dinge oder auch Personen. Nicht selten überlassen Menschen deshalb die Wahl Anderen oder sie machen gar nichts in der Hoffnung, dass es sich schon irgendwie erledigen möge.

---

18 Lao Tse: *Tao-Te-King* II,72.

Es gibt auch Menschen, die unfähig sind, sich überhaupt zu entscheiden. Wenn dem so ist, werden wir zu einem passiven Rädchen in einem von außen gesteuerten System degradiert. Wir würden damit unsere Freiheit beschneiden und die Verantwortung für das eigene Leben ablehnen. Die Fähigkeit und die Bereitschaft, Verantwortung zu übernehmen und somit auch die Konsequenzen zu tragen, unterscheidet einen erwachsenen Menschen von einem unmündigen Kind. Verantwortung hat mit Antwort zu tun. Wir geben eine Antwort, haben einen Standpunkt und vertreten ihn. Niemand kann uns das abnehmen. Um die richtige Antwort zu finden, um also die richtige Entscheidung zu treffen, ist es hilfreich, frei zu sein von Anhaftungen und vordefinierten Fixierungen und offen zu sein für mögliche Lösungen.

Ignatius von Loyola empfiehlt in diesem Zusammenhang die Haltung der „Indifferenz" im Sinne von Gleichmütigkeit. Sie ist vergleichbar mit der Haltung eines Tormanns beim Fußball. Dieser muss bereit sein, in alle Richtungen zu springen, je nachdem, wohin der Ball fliegt. Wenn der Tormann nach rechts unten fixiert ist und der Ball nach links oben fliegt, erwischt ihn der Gegenspieler auf dem falschen Fuß. Analog dazu gilt im geistlichen Leben: Die richtige Entscheidung können wir am ehesten dort treffen, wo wir frei sind von Fixierungen auf eine bestimmte Richtung. Wenn wir uns im Loslassen üben, lernen wir, jedes Anhaften abzulegen. Wir lassen nicht nur ganz bestimmte, sondern alle gedanklichen Konzepte, Vorstellungen und Bilder los. Gleichzeitig öffnen wir uns für das, was jetzt ist, indem wir uns in achtsamer Präsenz üben, verbunden mit Liebe und Vertrauen. Wo wir dem Leben vertrauen können, dort müssen wir nicht befürchten, die Orientierung und Kontrolle zu verlieren oder keinen Halt mehr zu haben. Wir überlassen uns dem Leben (oder müssten wir nicht eher sagen: dem Geist Gottes?) wie ein Schwimmer, der sich dem Element Wasser überlässt und sich so frei und unbeschwert bewegen kann.

Für den Alltag kann das bedeuten, offen zu sein für das, was der jeweilige Augenblick, die jetzige Stunde, der Tag, das Leben mit sich bringen, und es schließt ein, die Fixierung auf eigene Erwartungen oder auch Befürchtungen abzulegen. Wir hören auf, das Leben vollständig in den Griff bekommen zu wollen, was uns genauso wenig gelingen würde wie der Versuch, das Wasser in einem See festzuhalten, um zu schwimmen. Das Element Wasser trägt uns, wenn wir uns tragen lassen. Das Leben, das immer schon göttlichen Ursprungs ist, hält uns, wenn wir ihm trauen.

Anfänger sein

Menschen, die regelmäßig meditieren, haben nach einiger Zeit das Gefühl, auf der Stelle zu treten. Der Reiz des Neuen ist vergangen, und sie bekommen den Eindruck, dass nichts weitergeht. Manche sagen, dass sie sich wie Anfänger fühlen. Darauf antworte ich gerne mit einem scherzhaften Unterton: „Stell dir vor, du würdest dich fühlen wie ein weit Fortgeschrittener. Da müsste ich mir eher Sorgen um dich machen." Solche Worte lösen zwar das Problem nicht, aber sie stellen die Selbstbewertung in ein anderes Licht. Es ist wichtig, sich den Anfängergeist zu bewahren, denn wir sind nicht nur einmal Anfänger, sondern immer und immer wieder. Anfänger zu sein kann auch etwas sehr Schönes sein.

Es war in einem großen Meditationshaus vor einem mehrtägigen Kontemplationskurs. Ich war zu diesem Zeitpunkt schon viele Jahre Kontemplationslehrer, habe bis dahin mehrere hundert Kurse geleitet und tausenden Menschen praktische Anleitung für die äußere und innere Haltung beim Meditieren gegeben. Nun wollte ich selbst einige Tage intensiv in die Stille gehen. Bis zum Abendessen war noch genug Zeit, und so habe ich mich für eine Stunde in einem kleinen Meditationsraum hingesetzt. Auch eine Frau saß meditierend da, und ich setzte mich einige Meter von ihr entfernt auf ein Meditationskissen, das gerade vorhanden war. Nach einiger Zeit kam die Frau zu mir und sagte leise: „Sie sitzen nicht richtig." Ich drehte mich zu ihr um und schaute sie fragend an. „Ich verstehe etwas davon, glauben Sie mir. Ich komme von der Physiotherapie. Nehmen Sie sich ein anderes Kissen und setzten Sie sich höher," sagte sie. Etwas überrascht folgte ich ihren Anweisungen. „Mit dem Becken, aber nicht mit dem Bauch weiter nach vorne", sagte sie. Sie schaute mich von der Seite prüfend an und sagte: „Für den Anfang ist es schon ganz gut." Jetzt musste ich mich schon überwinden, um nicht laut zu lachen. „Sie sind gelenkig", fuhr sie fort. „Wenn Sie weiter üben und Geduld haben, können Sie den vollen Lotussitz erlernen." Dann gab sie mir noch einige Tipps, wie ich im Einzelnen üben müsse, um so weit zu kommen. Ich bedankte mich für ihre Hilfe und ging zum Abendessen. Der Gedanke an dieses kuriose Erlebnis begleitete mich. „Anfänger, du bist ein Anfänger", ging es mir durch den Kopf. Nach einer Weile wiederholte ich es, „ja, ich bin ein Anfänger", und fand diese Erkenntnis befreiend. Ich wusste, diese Frau hat mir der Himmel geschickt, auch wenn ich ihr nicht empfehlen würde, weiterhin ungefragt Ratschläge zu erteilen.

Wie einem Kind die Welt offensteht und jeder Lernschritt ein Gewinn in seiner Mensch-Werdung ist, so steht auch dem Anfänger alles offen. Er muss nichts beweisen und nichts verbergen, kann sich nicht blamieren und braucht sich nichts einzubilden, denn er steht ja am Anfang.
Ich erinnere mich an Professor Jakubec, meinen Fagottlehrer in Brno, dem ich als Sechzehnjähriger erzählt habe, dass ich mich zu üben schämte, weil so viele Leute an unserem Haus vorbeigehen und mich hören. Der alte weise Mann sagte mir daraufhin: „Es ist keine Schande, zu lernen und dabei Fehler zu machen. Schande ist es, wenn jemand etwas lernen kann und es nicht tut." Oft sage ich Kursteilnehmern, sie sollen sich so hinsetzen, als würden sie es das erste Mal tun. Mit Offenheit und Bereitschaft sollen sie sich jedes Mal auf die Übung einlassen, als hätten sie noch nie meditiert. Diese Einstellung bedeutet nicht, so zu tun als ob. Im Geiste des Anfangs weiß ich, „ja, ich bin ein Anfänger." Dies ist nur auf den ersten Blick nicht sonderlich erbaulich. Es ist nicht demütigend, nicht einengend, sondern kann im Gegenteil

sehr befreiend sein. Dem Anfänger steht alles offen, er muss nichts verbergen und nichts beweisen.

Anfängersein ist nicht Inkompetenz. Es ist eine Haltung, bei der ich weiß, dass jeder Mensch, jedes Lebewesen und alles, was ist, mir etwas zu sagen hat. Es gibt nichts auf dieser Welt, das so klein und bedeutungslos wäre, als dass es mir nicht etwas zu sagen hätte. Was es zu sagen hat, kann mir helfen, Neues zu entdecken. Wo auch immer wir stehen und wohin wir auch gehen, jeder Schritt ist der erste von weiteren Schritten. Wir sind und bleiben Anfänger. Wie schön ist es doch, wenn wir uns darüber freuen können.

Wir sind immer schon am Ziel

Wer regelmäßig betet bzw. meditiert, der wird die gleiche Beobachtung gemacht haben, die er auch schon aus der Wahrnehmung der Zeit kennt. Einmal vergeht sie schnell, dann wieder langsam, und manchmal scheint es, als würde sie stehen bleiben. Auch den inneren Prozess können wir einmal sehr intensiv erleben und ein anderes Mal nehmen wir überhaupt keinen Fortschritt wahr. Über Monate und sogar Jahre kann es uns so vorkommen, als würden wir auf der Stelle treten. Ein Hindernis scheint im Weg zu sein. Es kann deutlich erkennbar sein und einen Namen haben oder sich als ein unbekanntes Etwas im Dunkel des Unterbewusstseins verstecken. Oft ist es eine Empfindung, die mit einem Bild verbunden ist: verschlossene Tür, unüberwindliche Mauer, lähmende Fessel, ein tiefes Loch. Die Bilder drücken aus: Es ist etwas im Weg, ich komme nicht weiter. Je nach Intensität kann dieses Gefühl einen starken Leidensdruck erzeugen.

Unwillkürlich fragen Menschen in solchen Situationen nach Ursachen, suchen Auswege. Manche geben an dieser Stelle auf, weil sie meinen, dass Meditation nichts für sie sei. Andere meinen, dass sie nicht die richtige Methode anwenden würden, dass es besser werde, wenn sie einen anderen spirituellen Weg gehen oder einen anderen Lehrer suchen. Es ist ungewiss, ob sie dann größere Fortschritte machen würden. Nach einiger Zeit finden sie sich vor dem gleichen Hindernis wieder, dem sie schon einmal aus dem Weg gegangen sind. Es kann helfen, sich bewusst zu machen, dass diese Art von Hindernissen nicht wirklich, sondern als Vorstellung in unserem Kopf existieren. Erlebnisse in der Vergangenheit, manchmal sogar in der frühesten Kindheit, haben Spuren hinterlassen und werden in der Erinnerung wiederbelebt. Der damit verbundene Leidensdruck hat irgendwo einen Anfang und ein Ende. Das Hindernis ist nicht unüberwindlich, sondern kann sich auflösen, indem wir uns konsequent um das Leben im Jetzt bemühen, unsere Gefühle akzeptieren und uns im Loslassen üben.

Was heißt „vorankommen" auf dem inneren Weg? Vorankommen kann ich, wenn ich ein Ziel habe, das ich erreichen möchte, einen Berggipfel, zu dem ich aufsteige, oder einen Aktenberg, den es abzuarbeiten gilt. Welches Ziel verfolgt aber jemand, der einfach nur spazieren geht, sich gerne bewegt, tanzt, schwimmt oder gerne im Garten arbeitet? Sein Ziel ist gehen, tanzen, schwimmen oder arbeiten und nichts weiter. Sobald wir meinen, etwas erreichen zu müssen, setzen wir uns selbst unter Druck.

In vielen Bereichen des täglichen Lebens haben Ziele ihre Bedeutung. Es ist wichtig, dass wir wissen, was wir wollen, und dass wir Ziele vor Augen haben, die wir zu erreichen suchen. Doch es ist auch wichtig, Ziele loslassen zu können, wie zum Beispiel ein Bergsteiger, der den Gipfel anstrebt, aber nicht ständig an sein Ziel denkt, sondern es „vergisst" und seine Aufmerksamkeit vollständig auf den jeweiligen Schritt richtet. Nur wenn er konzentriert darauf achtet, wohin er gerade tritt, kann er sicher vorankommen.

Im geistlichen Leben sind Ziele mit einer Bergwanderung vergleichbar. Um den Gipfel zu erreichen, haben wir uns auf den Weg zu konzentrieren, auf den Schritt, den wir gerade machen. Ein Bergsteiger sieht den Berg, auf dem spirituellen Weg sehen wir hingegen gar nichts. Deshalb spricht die christliche Mystik von der „Wolke des Nichtwissens" oder von der „dunklen Nacht". Ziele sind zunächst einmal Vorstellungen in unserem Kopf, die loszulassen sind. Auch die Überzeugung, dass ich diese oder jene Fortschritte machen müsste, ist eine Vorstellung. Alles ist loszulassen, einschließlich meiner selbst. Wo falle ich hin? Die Erfahrung vieler, die diesen Weg gegangen sind, zeigt, dass wir nirgends sonst hinfallen können, außer in die Hand Gottes. Wann sind wir auf dem inneren Weg am Ziel? Wenn wir erleuchtet sind? Es gibt nichts, das wir in der Hand halten und festhalten können, und es gibt nichts, das wir mitnehmen können, wenn wir einmal sterben. Keine Verdienste werden uns eine Belohnung im Himmel erkaufen. Das mag bedrohlich klingen und lässt einen großen Verlust vermuten. Doch leere Hände sind frei, um zu empfangen, wenn etwas einfach so aus Liebe gegeben wird. Verdienste können hingegen zum Hindernis werden, denn sie erheben einen Anspruch auf etwas, das kein Verdienst aufwiegen kann.

Das Ziel des spirituellen Weges ist vielmehr, die Fülle des Lebens im Jetzt zu erfahren, aus ihr zu schöpfen und zu leben. Es ist die Erfahrung der Einheit der Schöpfung und allen Seins. In ihr ist alles verbunden und nichts ist getrennt. Diese Erfahrung ist ganz anders als alles, was wir aus unserem Alltag kennen. Wer das Gefühl hat, auf der Stelle zu treten, in seiner spirituellen Entwicklung nicht weiterzukommen, der sollte seine Haltung zum Unterwegssein und Ziel überprüfen. Die Feststellung, ob etwas weitergeht oder nicht weitergeht, ist vor allem eine Wertung des urteilenden Verstandes, eine Vorstellung im Kopf und keine Wertekategorie des spirituellen Erfahrungsweges.

Spiritualität hat kein Ziel, auf das hin wir uns bewegen würden. Ihr Geheimnis ist die Art und Weise, wie wir da sind, wo wir gerade sind. Sich im Jetzt auf den Fluss des Lebens einzulassen, darauf kommt es an. Solange wir ausschließlich auf das Erreichen von Zielen fixiert sind und auf Veränderungen warten, die morgen oder übermorgen geschehen mögen, haben wir das eigentliche Ziel verfehlt. „Du sprichst, du wirst Gott sehen und sein Licht. O Narr, du siehst ihn nie, siehst du ihn heute nicht", dichtet Angelus Silesius.

Wenn uns die Praxis des inneren Weges schwerfällt, wenn wir meinen, dass überhaupt nichts weitergeht, so sind wir dennoch schon am Ziel. Indem wir den gegenwärtigen Augenblick nehmen, wie er kommt, uns seiner Wahrheit öffnen, ist in jedem Jetzt die ganze Fülle des Lebens, diese göttliche Wirklichkeit präsent, die sich uns gerade so und nicht anders erfahrbar machen möchte.

Hugo M. Enomiya-Lassalle nennt eines seiner Bücher „Erleuchtung ist erst der Anfang".[19] Alles, was wir Ziel nennen, erweist sich letztlich als Nicht-Ziel. Wenn wir ein vermeintliches Ziel erreichen, finden wir uns wieder am Anfang. Wenn wir meinen, einen Lebensabschnitt abgeschlossen zu haben, beginnt im selben Augenblick der nächste. Haben Sie schon den Frühling bewusst wahrgenommen? Haben Sie gesehen, wie herrlich es sein kann, das Wachsen einer Pflanze zu beobachten oder die Entwicklung eines Kindes mit verfolgen zu dürfen? Sie verändern sich nicht sichtbar vor unseren Augen, und trotzdem entdecken wir sie jeden Tag neu. Der eigene Werdeprozess ist nicht weniger faszinierend. Wir überlassen uns der Bewegung des Augenblicks. Er atmet die Freiheit, den Frieden oder die Liebe, nach der wir uns sehnen. Er haftet nicht an dem, was ist und erwartet nicht, dass es anders wird. Die Gegenwart ist der einzige Ort, an dem wir auf Tuchfühlung mit der Fülle des Lebens kommen können. Der achtsam gelebte Augenblick hinterlässt seine Spuren wie die Sonne im Frühling.

---

19 Hugo M. Enomiya-Lassalle: *Erleuchtung ist erst der Anfang. Texte zum Nachdenken*, Freiburg/Breisgau 1998.

Weg des Vertrauens

Frère Roger, der Gründer der ökumenischen Gemeinschaft von Taizé in Frankreich, verstand sein Leben als einen „Pilgerweg des Vertrauens". Er sprach und schrieb oft über dieses zentrale Thema. Die Ausgangsbedeutung des Wortes Vertrauen ist „fest, sicher sein". Davon abgeleitet ist das Wort „glauben" und meint „vertraut, Vertrauen erweckend, glaubwürdig". Vertrauen und Glaube gehören zusammen. Die lange Lebensgeschichte von Bruder Roger ist die eines tief im Glauben verwurzelten Menschen, der ganz und gar Gott vertraut. In ihm sieht er die eigentliche und entscheidende Kraft, die alles hält, durchdringt und belebt. Von ihm kommt alles: das Geschenk des Lebens, Freude, Glück, aber auch Herausforderungen und das, wogegen sich Menschen normalerweise wehren, was sie nicht begreifen, weil es ihr Fassungsvermögen sprengt.

Nicht alle Menschen haben eine solch tiefe persönliche Beziehung zu Gott wie dieser Bruder des Vertrauens. Für viele gibt es diese Ebene der Wirklichkeit nicht, andere stehen dem christlichen Glauben kritisch oder auch ablehnend gegenüber, haben ihre Zweifel, ringen, oder das Gottvertrauen ist für sie eine theoretische Frage, die keinen Einfluss auf die Lebensgestaltung hat. Es gibt auch Schädigungen, neurotische Störungen, die aufgrund einer falschen religiösen Erziehung entstanden sind und tiefe Spuren hinterlassen haben.

Viele Menschen leiden unter dem Misstrauen anderer und sie tun sich schwer zu vertrauen. Andere sehen das Vertrauen und seinen Zwillingsbruder, den Glauben, als Gebot und Pflicht, anstatt es als Lebenshilfe zu schätzen und darin ein befreiendes Geschenk zu erkennen. Dabei ist Vertrauen die beste Medizin gegen die Angst. Die Einengung und Verkrampfung der Angst wird gelöst durch die Öffnung und Weite des Vertrauens. Die Angst nimmt uns den Atem weg, das Vertrauen befreit und lässt tief durchatmen.

Vertrauen ist zutiefst mit Loslassen verbunden. Im Akt des Vertrauens wird das Anhaften aufgegeben. Fehlt das Vertrauen, so gibt es auch kein Loslassen. Nicht einmal eine einfache körperliche Entspannung wäre möglich, wenn wir nicht fähig wären, uns dem uns tragenden Grund zu überlassen. Diesen tragenden Grund gibt es auch im geistlichen Leben. Hier ist es nicht mehr der Boden, die Erde, die uns trägt, sondern der göttliche Urgrund.

Unser Wachstumsprozess als Mensch geschieht in der Spannung zwischen dem eigenen Bemühen, das wir als unsere Leistung empfinden und der Wirkung einer Kraft, die wir zunächst nicht als die unsere empfinden, denn sie kommt nicht aus dem Ego. Ignatius von Loyola empfiehlt: „Handle so, als würde alles ganz allein von dir abhängen und vertraue gleichzeitig so, als würde alles ganz allein von Gott und nicht von dir abhängen." Die meisten Menschen haben nur den ersten Teil des Grundsatzes verinnerlicht. Unter Gottvertrauen verstehen sie entweder die Bequemlichkeit des Faulen, eine infantile Unselbständigkeit oder

Fatalismus. Sie tun sich schwer mit einem Gottvertrauen, was praktische Konsequenzen im Alltag hat. Viele sehen darin das Ergebnis eigener Bemühungen und nicht ein Geschenk, das uns zur Verfügung steht. Sie möchten es sich erarbeiten, verdienen, anstatt es sich schenken zu lassen, möchten besitzen, beherrschen, anstatt es staunend zu empfangen und sich durch das Geschenk verändern zu lassen. Doch Vertrauen, diese wichtige Lebenskraft, ist uns nicht als Verdienst gegeben, sondern einfach so, aus Liebe, gratis, umsonst und als Hilfe für das Leben.

Wenn wir vertrauen, überlassen wir uns dem anderen. Dies gilt sowohl auf der zwischenmenschlichen als auch auf der spirituellen Ebene. Sich der tragenden göttlichen Lebenskraft in unterschiedlichsten Lebenssituationen zu überlassen und somit loszulassen, verstehe ich als „Pilgerweg des Vertrauens". Es ist die Haltung des „du führst mich hinaus ins Weite, du machst meine Finsternis hell (nach Ps 18, 20 und 18, 29), „mit dir erstürme ich Wälle, mit meinem Gott überspringe ich Mauern" (Ps 18, 30), „in deine Hände lege ich meinen Geist" (Ps 31, 6 bzw. Lk 23, 46). Es ist die Haltung des Kindes, das sich der sicheren Hand der Mutter, des Vaters überlassen kann. Selbst jene unter uns, die das in ihrer Kindheit nicht in ausreichendem Maß erleben konnten und darunter heute noch leiden, können in diese Art des Vertrauens hineinwachsen. Denn „für Gott ist nichts unmöglich" (Lk 1, 37).

Erfahrungswissen

Der britische Journalist John Freeman fragte 1959 in einem berühmt gewordenen Fernsehinterview den Psychiater Carl Gustav Jung:
„Glauben Sie an Gott?"
„Ich brauche nicht zu glauben, ich weiß." („I don't need to believe. I know.")
Vier Jahre zuvor sagte er in einem Zeitungsinterview zu diesem Thema, dass alles, was er gelernt hatte, ihn Schritt für Schritt zu einer unerschütterlichen Überzeugung von der Existenz Gottes geführt hat. Diese sei für ihn deshalb eine Feststellung des Wissens und keine Frage des Glaubens.
Ein solches Wissen ist nur möglich, wenn ihm ein tiefes Erleben zugrunde liegt. Der Glaube ist wichtig, um zum Beispiel Kindern die Religion zu vermitteln, aber er ist nur der erste Schritt. Der zweite wichtige Schritt ist, dass aus dem Glauben auch Erfahrungswissen wird. Die entscheidende Frage ist also, wie aus dem anfänglichen Glauben Erfahrungswissen werden kann.

Der tschechische Dichter Jiří Wolker erzählt, wie sehr er sich als Kind gewünscht hat, das Meer zu sehen. In einem Gedicht beschreibt er, dass er nach vielen Jahren die Mittelmeerinsel Krk besucht hat. Er ging ans Ufer, schaute ins Wasser und sah das Meer – nicht. Am nächsten Tag ging er wieder ans Ufer, aber das Meer fand er nicht. Genauso auch die nächsten Tage. Am siebten Tag aber, da erblickte er das Meer – in den Augen der Matrosen. Nicht indem er ins

Wasser starrte, sondern in den Augen der Matrosen erfuhr er, was Meer ist. Dort hat es seine Spuren hinterlassen, dort erkannte er, wonach er sich Zeit seines Lebens gesehnt hat.

Analog dazu erkennen wir die Wirklichkeit Gott zunächst dort, wo sie ihre Spuren hinterlassen hat: in einer Rose, deren Schönheit uns erfreut, in einer mächtigen Bergkette, die uns staunen lässt, oder auch in den Augen eines Menschen, der ganz und gar vom Leben in Gott durchdrungen ist. Später erkennen wir, dass die göttliche Wirklichkeit in allem gefunden werden kann. Es kommt darauf an, dies im Alltag zu entdecken.

Im Christentum gibt es zwei Wege der Erkenntnis.
Der erste konzentriert sich auf Beschreibungen und Definitionen und nennt Gott Person: Vater, Sohn, Geist. Für sie ist Gott der Schöpfer, dem Eigenschaften zugeschrieben werden: er ist gut, gerecht, weise …
Der zweite Weg geht davon aus, dass jede Definition auch eine Eingrenzung ist und dass Gott, wie er wirklich ist, alle Eingrenzungen sprengt. Man kann ihn nicht definieren oder in Begriffe fassen. Egal was wir von der Wirklichkeit Gott aussagen, sie ist immer mehr und größer als das, was wir gerade zur Sprache bringen. So bleiben alle unsere Worte letztlich nur armselige Versuche, das Unfassbare doch irgendwie zu fassen. Dieser zweite Weg sucht Gott nicht zu definieren oder sich vorzustellen, er sucht andere Möglichkeiten. Wir nennen sie Erfahrungswege. Pseudo-Dionysius Areopagita, ein großer Theologe der ersten Kirche (6. Jh.), sagt, dass es nur eine einzige Kraft gibt, mit der wir Gott

fassen können, wie er ist, und das ist die Kraft der Liebe. Der Weg, Gott zu erfahren, heißt Liebe.

Die beiden Wege der Erkenntnis existieren im Christentum nebeneinander und beide haben ihre Berechtigung. Leider wird in unseren Kirchen hauptsächlich von der ersten Strömung geredet, von Definitionen, Glaubenssätzen und Dogmen. Der Weg der Erfahrung wird vernachlässigt. Mit dem Erfahrungsweg der Liebe ist die im Alltag gelebte Liebe gemeint. Wir können Gott nicht in der gleichen Weise lieben wie einen Menschen, den wir vor uns haben. Was wir da lieben würden, wäre lediglich unsere eigene Vorstellung, unser Bild von ihm. Die Liebe zu Gott drückt sich als Liebe zu dem aus, was jetzt ist. Denn dieses Jetzt ist die Art, wie Gott sich mir gerade mitteilt. Eine andere gibt es nicht.

Die Liebe zum Jetzt des Lebens wirkt wie das Sonnenlicht, das uns die Welt sehen lässt. Letztlich verändert es uns wie auch das Meer die Matrosen verändert hat. Gott wird erkennbar wie das Meer in ihren Augen. Vielleicht können wir dann mit Carl Gustav Jung sagen „Ich brauche nicht zu glauben, ich weiß." Unser spiritueller Weg ist ein Hineinwachsen in die Einheitserfahrung des „In ihm leben wir, bewegen wir uns und sind wir." (Apg 17, 28).

Die stärkste Kraft

Wer sich auf einen spirituellen Weg einlässt, der sucht eine positive Veränderung für sein Leben. Menschen möchten mehr Lebenssinn finden, das Selbstwertgefühl stärken, Erleuchtung erleben, suchen Hilfe in einer Krisensituation … Es ließen sich viele und durchaus edle Gründe nennen, und sie alle sagen mit anderen Worten eines: „Ich möchte etwas hinzugewinnen." Gleichzeitig ist die Einsicht wichtig, dass wir nur vorankommen, wenn wir loslassen können. Der Weg zu mehr Leben geht über das Loslassen des „Ich". Hilfreich ist dabei die Kraft der Liebe – unsere stärkste Kraft und ein Königsweg christlicher Spiritualität.

Sprachliche Wurzeln des Wortes „Liebe" sind nüchtern und unromantisch. Das etymologische Wörterbuch leitet „Liebe" von „begehren", „verlangen" ab. In „Verlangen" und „Begierde" wiederum mischen sich Bedeutungen wie „Gier", „gelingen", aber auch „Gefallen finden", „antreiben", „ermuntern". Möglich ist auch die Rückführung der „Liebe" auf „Laub".[20] Wie Tiere Verlangen nach grünen Laubzweigen haben, wenn sie hungrig sind, so empfindet der Mensch Verlangen, das er stillen will. Dies äußert sich zunächst als Tendenz, einen Mangel zu beseitigen. Diese ursprüngliche, animalische Form der Begierde zielt auf die Befriedigung des Ess- und Sexualtriebes. Sie dient dem Erhalt der Spezies

---

20 Vgl. Friedrich Kluge: *Etymologisches Wörterbuch der deutschen Sprache*, Berlin-New York 2002.

und ist den Tieren und den Menschen gemeinsam. Hinter diesem, auf den ersten Blick wenig erbaulichen Hintergrund verbirgt sich die Urkraft der Schöpfung. Sie ist für uns Geschenk, Herausforderung und Aufgabe in einem. In zwei Extremen werden Triebe entweder hemmungslos ausgelebt oder unterdrückt. Wo sie hemmungslos ausgelebt werden, dort stürzen sich Menschen in einen wilden Strom, der sie verschlingt, und sie gehen darin unter. Auf der anderen Seite werden Triebe radikal verdrängt, um nicht wahrgenommen zu werden. Damit wird eine wichtige Lebenskraft negiert, und Menschen verstümmeln sich seelisch. Beides, Hemmungslosigkeit wie Unterdrückung, ist verheerend. Vom rechten Maß, vom mittleren Weg sprechen die Religionen, womit sie eine brauchbare Antwort geben. Die Spannweite der Möglichkeiten zwischen dem Verdrängen und hemmungslosen Ausleben ist groß, so dass die Suche nach dem eigenen Standpunkt eine schwierige, aber wichtige Aufgabe bleibt.

Liebe auf der Ebene der Gefühle behält ihre animalische Begierde und öffnet sich darüber hinaus für eine bewusste Begegnung mit dem Du des Anderen. Das kann ein Mensch sein, die Natur und letztlich die ganze Schöpfung. Immer hat das etwas zu tun mit „aus sich heraustreten", „nicht nur auf sich selbst schauen" und sich für etwas Anderes öffnen. Damit ist die triebgesteuerte Begierde erweitert um die Sehnsucht nach Zugehörigkeit, Verbundenheit, Ganzheit. Dies gilt auch für die Beziehung zu Gott, der als geliebtes Gegenüber erlebt werden kann. Wir können uns an ihn wenden, Sehnsucht nach ihm haben, Liebe zu ihm spüren oder tiefe Verbundenheit erleben. Gläubige schöpfen aus solchen Erfahrungen Kraft und Freude.

Das, was wir transpersonale Liebe nennen, geht darüber hinaus. Hier wird die Trennung zwischen Ich und Du aufgehoben. Das ist mehr als der wechselseitige Austausch von Geben und Empfangen. Gleichzeitig ist die zwischenmenschliche Liebe das Abbild der Erfahrung auf der transpersonalen Ebene. Die selbstlose Liebe zwischen den Menschen kann zur der Erfahrung der transpersonalen Liebe führen. Durch sie werden Menschen von ihrer Ichbezogenheit geläutert und erfahren letztlich die Aufhebung der Trennung zwischen Du und Ich. Die Liebe wird zur Seins-Erfahrung, in der alles, was ist, als eine Einheit erlebt wird. Alles ist darin enthalten, füreinander offen, miteinander verwoben, nichts bleibt draußen. Es gibt kein Ich und kein Du. ES IST. So erlebte Liebe ist die Manifestation des tiefsten Urgrunds in der Schöpfung, sie wird zur „Erfahrung des einen Seins in einer dualen Welt" (Eckhart Tolle). Das personale Ich tritt zurück, und wir erleben uns nicht nur als Liebende und Geliebte, sondern als die Liebe selbst. Sie eröffnet einen neuen Zugang zu den Menschen, zu Natur und zu der ganzen Schöpfung. Dies konkretisiert sich dann in der Art, wie wir denken, mit anderen sprechen und uns in den unzähligen Alltagssituationen verhalten. Alles bekommt einen tieferen Sinn und wird als stimmig erlebt. Unterschiede werden nicht verwaschen und nicht negiert, sondern integriert. Es ist, als wäre die ganze Schöpfung ein Lied, in dem jedes Geschöpf seine einmalige und unverwechselbare Note ist. Diese Erfahrung können wir auch

Tanz nennen oder Rebstock, auf dem wir die Zweige sind oder auch anders. Immer geht es um das Einssein von allem, was ist, um die Einheit der Vielfalt – ein Geheimnis, das sich uns nach und nach enthüllt. Die Fülle des Lebens und „das Göttliche Nichts", wie manche Mystiker das eine Sein nennen, stehen zueinander wie die zwei Seiten einer Medaille. Je tiefer wir in das Geheimnis der Einheit eindringen, desto klarer erkennen wir die Wirklichkeit in ihrer Vielfalt. Aus dieser Seins-Erfahrung heraus das Leben zu gestalten, ist die natürliche Folge. Rücksichtsvoller Umgang mit der Schöpfung, Mitgefühl und Geschwisterlichkeit ist dann keine Pflicht, kein Gebot oder gar eine Last, sondern wird zum Bedürfnis und mit Freude gelebt.

Das Wichtigste im Leben

Jubilare zu besuchen und Glückwünsche zu überreichen, gehörte lange zu meinen Aufgaben. Bei dieser Gelegenheit kam es darauf an, die dem jeweiligen Menschen angemessenen Worte zu finden. Kein Aufsagen von Standardsprüchen, sondern etwas Persönliches. Die Glückwünsche sollten ja authentisch sein, die Jubilare ansprechen, und sie sollten für mich selbst stimmig sein. Zu den Wünschen gehörte immer eine gute Gesundheit sowie Freude und Zufriedenheit. Sehr oft bekam ich dann zu höre: „Ja, die Gesundheit ist das Wichtigste." Unbestritten, die Gesundheit ist sehr wichtig. Ist sie aber das Wichtigste? Wie viele Menschen sind kerngesund und dabei todunglücklich? Es gibt auch Menschen, die schwer krank sind und dennoch versöhnt mit ihrer Situation. Sie strahlen einen tiefen Frieden aus. Ihr Gesicht, ihr ganzes Wesen durchströmt ein kaum bemerkbares, feines Lächeln, auch wenn sie scheinbar nichts zu lachen haben. Sie empfinden jeden Tag als Geschenk, sind an ihrer Krankheit gereift. Manchmal, wenn ich jemanden etwas näher kannte, machte ich auf diese Diskrepanz aufmerksam. Dann korrigierten sich die meisten sofort und wünschten sich Freude und Zufriedenheit.

Die Lebensqualität namens Freude und ihre kleine Schwester, die Zufriedenheit, drücken aus, wie es einem Menschen momentan geht. Als Gefühl sind sie zerbrechlich, denn wir können Gefühle nicht festhalten und nicht erzwingen. Je mehr wir uns an sie klammern, desto schneller verlieren wir sie wieder. Je mehr wir darauf aus sind, Freude zu empfinden, desto mehr verbirgt sie sich, und wenn wir uns überhaupt nicht um sie kümmern und achtlos in den Tag hineinleben, finden wir sie ebenfalls nicht. Wir können uns Freude nicht verordnen, und sie fällt auch nicht einfach vom Himmel herunter.

Auf einer tieferen Ebene ist Freude mehr als ein Gefühl, sie kommt aus dem Sein und nicht aus dem Haben des Gefühls. Meister Eckhart spricht von der Gelassenheit seiner selbst. Nicht irgendetwas wie Besitz oder ideelle Werte soll der spirituell suchende Mensch lassen, er soll sich selbst lassen. Mit „sich selbst lassen" ist das Lösen aus der inneren Abhängigkeit von den Dingen und somit ein Freisein von ihnen gemeint. Wer sich selbst gelassen hat, der hat alles gelassen, sagt Eckhart. Was bleibt, wenn der Mensch alles gelassen hat? Er löst sich nicht etwa auf, sondern erfährt sich als das, was er wirklich ist. Er erfährt sein unzerstörbares Wesen. Diesen göttlichen Kern erfährt er als tragenden Grund, als seine wahre Identität. Freude ist dann die menschliche Antwort auf diese Erfahrung. Wir erfahren eine Freude, die aus der eigenen Mitte kommt, aus dem Sein, nicht aus dem „Haben".

Wir brauchen solche Freude, die aus der Erfahrung des Wesens kommt. Im Inneren verankert, sucht sie ihren Weg nach außen. Körper und Geist entspannen sich, wir werden freier und lebendiger und irgendwann macht sich diese Freude auch für andere bemerkbar.

Kommen und Gehen

Nach vielen Jahren sind wir, meine Frau und ich, wieder einmal umgezogen. Der Umzug wurde zum Anlass, uns von Dingen zu trennen, die nicht mehr wichtig waren. Vieles hatte sich in den vergangenen Jahren angesammelt, das uns irgendwann einmal wichtig war, das wir aber schon lange nicht mehr brauchten. So wurde der Umzug zu einer bewusst wahrgenommenen Einladung zu entrümpeln. Umso mehr war mit der neuen Wohnung ein Neubeginn verbunden.

Halten und lassen, empfangen und geben, gestalten und wieder abgeben, einatmen und ausatmen, geboren werden und sterben: Dieser Doppelschritt ist vielleicht die grundlegendste Gesetzmäßigkeit der Schöpfung. Sie wiederholt sich in unzähligen Varianten des großen Universums, der persönlichen Lebensgeschichte eines jeden Menschen und überall dazwischen.

Das ganze Leben besteht aus Leben *und* Sterben. Das Werden des Lebens wäre nicht vollständig, wenn es das Loslassen im Sterben ausschließen würde, womit gleichzeitig der Same für einen Neubeginn gelegt ist. Auch die religiösen Zeremonien stehen im Zeichen des Kreislaufs von Leben, Sterben und Wiederauferstehen. Wir suchen den jeweils eigenen Platz im Leben, bemühen uns, gestalten und genießen. Dann gilt es, das Erreichte wieder abzugeben und neu zu beginnen. Spätestens, wenn wir alt oder schwer krank werden, wird es uns abverlangt, egal, ob es uns gefällt oder nicht. Auf der Wunschliste steht vor allem leben, aktiv sein und genießen, evtl. noch Neubeginn. Dem Loslassen aber gehen die meisten Menschen eher aus dem Weg. Dabei öffnet es die Tür zu einem neuen Werden. Die Bibel spricht oft davon und kleidet es in paradox klingende Worte wie „Wer sein Leben gewinnen will, der muss es verlieren" oder „wer gibt, der bekommt".

Annehmen und Loslassen gehören zusammen wie Einatmen und Ausatmen. Im Einatmen empfangen wir, im Ausatmen geben wir. Die Betonung liegt beim Ausatmen als dem aktiven Teil.

Was beim Atmen selbstverständlich ist, wird als Lebenshaltung nicht mehr so selbstverständlich umgesetzt. Wir möchten festhalten, was wir lieb gewonnen haben oder als angenehm und gut empfinden. Wenn etwas unangenehm ist, weh tut oder Probleme bereitet, das versuchen wir schnell wieder loszuwerden.

Freude und Leid, Sterben und neu Werden sind zwei Pole des Daseins. Das Auf und Ab zwischen ihnen lässt uns erfahren, was Leben ist. Wer sich dieser Bewegung überlässt, was kann ihn noch bedrohen? Von Gleichmütigkeit sprechen die christlichen Autoren und meinen damit, alles mit der gleichen Bereitschaft auf sich zukommen zu lassen: Einatmen UND Ausatmen, Empfangen UND Geben, Freude UND Leid, Gesundheit UND Krankheit, Leben UND Sterben. Das Eine beschenkt, das Andere fordert uns heraus, aber an beidem können wir wachsen. Wann immer wir diese einfache, aber lebenswichtige Wahrheit vergessen, der Atem kann uns an sie erinnern.

Dem Atem folgen

„Dein Wille geschehe", heißt es im bekanntesten Gebet aller Christen. Was sagen wir, wenn wir diese Worte sprechen? Eine fromme Gebetsformel? Einen Wunsch, der nicht so gemeint ist? Eine Metapher? Wessen Wille soll wirklich geschehen und was ist eigentlich „der Wille Gottes"?
In der Verkündigungsgeschichte sagt Maria: „Mir geschehe, wie du es gesagt hast." (Lk 1, 38) Sie tritt mit ihrem Ich

zurück und ist damit ein Urbild der Hingabe an den Willen Gottes. Jeder Mensch ist eingeladen, mit seinem Ich zurückzutreten und hinzuhören auf die tiefere Wahrheit dahinter. Das „Ja" zum göttlichen Willen besteht aus vielen kleinen Schritten. Es spannt den Bogen zwischen Vergangenheit und Zukunft und hat seine Heimat in der Gegenwart. „Der gegenwärtige Augenblick muss eure Wohnung werden, darin findet man allein Gott und seinen Willen", schreibt der deutsche Mystiker Gerhard Tersteegen in seinem 40. Brief über das Wesen des Christentums. Der Wille Gottes wird realisiert in der Hingabe an das, was jetzt ist. Diese Hingabe ist weder ein Ausdruck von Lethargie, noch von berechnender Gier. Sie ist die Haltung eines Menschen, der ein Geschenk empfängt, dessen Sinn er nicht immer ganz erfasst, aber darauf vertraut, dass ihm Gutes widerfährt.

Eine gute Möglichkeit, die Hingabe an den gegenwärtigen Augenblick zu üben, ist die Aufmerksamkeit auf den Atem. Der Atem Gottes, von dem die Bibel sagt, dass er dem ersten Menschen eingehaucht wurde, atmet in allem, was ist. Der Atem verbindet uns unmittelbar und wahrnehmbar mit diesem einen und großen göttlichen Sein, das unser aller Ursprung ist. Auf diese Weise wird der bewusste Atem zum Gebet, und da wir ununterbrochen unser ganzes Leben lang atmen, kann das ganze Leben zu einem großen Gebet werden. Jeder Atemzug ist eine Perle der langen Rosenkranzkette des Lebens. Wer Erfahrungen mit Rosenkranz oder mit einer Mala (= indische Gebetskette) hat, weiß, dass die Schnur zwar um die ganze Hand gewickelt werden kann, dass aber nur eine Perle jeweils im Mittelpunkt steht. Sie wird kurz zwischen den Fingern gehalten und dann wieder losgelassen.

Wer bewusst atmet, ist mit seiner Aufmerksamkeit ganz beim Atem. Er atmet nicht, wie er es sich gerade denkt, sondern achtet darauf, wie der Körper von sich aus atmen möchte. Der Atem geschieht, das Leben atmet in ihm. Diese Haltung bewirkt eine Öffnung für den Atem hinter dem Atem des Körpers, öffnet für das Sein hinter dem kleinen „Ich bin". So kann im bewussten Atmen, der Hingabe an den Atem, das menschliche Ja zum göttlichen Willen ausgedrückt werden. Es führt uns heran an die Erfahrung des Paulus: „Nicht mehr ich lebe, sondern Christus lebt in mir." (Gal 2, 20)

Den Atem schenken

Das bewusste Atmen können wir über lange Zeit praktizieren, sooft es uns möglich ist: Ich atme ein und weiß, dass ich einatme. Ich atme aus und bin mir des Ausatmens bewusst. Wer darin geübt ist, kann die Atemübung ergänzen und erweitern. Wichtig dabei ist, dass immer nur jene Übung umgesetzt wird, die wir mit gutem Gefühl nachvollziehen können.

Eine solche Erweiterung kann darin bestehen, dass wir in jedem Einatmen das Leben empfangen und damit alles, was wir gerade brauchen: Wir werden erneuert, belebt, erfrischt oder auch beruhigt. Mit jedem Ausatmen geben wir ab, was überflüssig, verbraucht oder krank ist in uns. Wir überlassen uns für einige Minuten diesem Wechsel von Neuwerden und Abgeben.

In einem weiteren Schritt verbinden wir das Einatmen mit dem Annehmen von allem, was verdrängt ist, uns belastet oder schmerzt. Das Ausatmen verbinden wir mit Wohlwollen, Frieden, Liebe oder Freude. Wir lassen eine dieser Lebenskräfte bewusst durch den ganzen Körper strömen, über die Körpergrenze hinaus in die unmittelbare Umgebung und dann immer weiter, soweit es uns möglich ist.

Wir können die Übung auch auf Menschen anwenden, die uns nahestehen. Im Einatmen nehmen wir deren Sorgen, Probleme oder eine Krankheit an, im Ausatmen lassen wir ihnen Heilung, Frieden, Liebe oder Freude zukommen.

Es ist auch möglich, Menschen in die Übung einzubeziehen, die uns nicht nahestehen. Sogar solche, die uns das Leben schwermachen, die wir als Gegner oder Feinde empfinden. In letzter Konsequenz kann die ganze Welt und die ganze Schöpfung in diese Übung des Empfangens und Gebens einbezogen werden.

Es kann bereichernd sein, mit jedem Einatmen das Leben, die Erneuerung in sich aufzunehmen und mit jedem Ausatmen Spannungen und Verbrauchtes abzugeben. Es kann aber noch viel erfüllender sein, mit jedem Ausatmen das Beste von sich an andere weiterzugeben. Beide Aspekte gehören zusammen wie Geben und Empfangen, wie Einatmen und Ausatmen.

Wir gehen dabei schrittweise vor. Nichts machen wir mit Gewalt oder mit selbst auferlegtem Zwang, sondern wir tun immer nur das, was wir als stimmig empfinden und von innen her bejahen können.

Das Beste von sich im Ausatmen abzugeben, ist nicht nur Loslassen und Verzicht. Es ist ein sich Verschenken. Wir halten an dem Besten, das wir haben, nicht fest. Andere sollen daran teilhaben. Einatmen bedeutet dagegen nicht nur, den Schmerz und die Last anderer aufzunehmen. Indem wir dies tun, nehmen wir den gegenwärtigen Augenblick, das Leben selbst so an, wie es ist, und drücken damit ein bedingungsloses Ja zum Leben aus. Mit jedem Atemzug werden Friede und Wohlwollen verbreitet. Alle Menschen, alle Lebewesen und die ganze Schöpfung sollen daran teilhaben. Der Atem wird zum Gebet, das alles durchdringt, versöhnt, heilt und verbindet. Dann macht es keinen Unterschied, wer unseren Lebensatem empfängt. Wir atmen im Einklang mit dem göttlichen Jetzt, das sich in jedem Augenblick als das Sosein der Schöpfung manifestiert.

Der unberechenbare Gast

Für den Atem verwendet die griechische Sprache dasselbe Wort wie für den Geist – *pneuma*. Ähnlich sieht es die jüdische Tradition. Auf den ersten Seiten der Bibel heißt es, dass Gott dem ersten Menschen, Adam, das Leben einhauchte. Der Atem Gottes und der Atem des Menschen ist ein Atem.

Damit ist dieser Atem-Geist mehr als der menschliche Geist der Vernunft. Er ist jener göttliche Urgrund, aus dem jedes Leben kommt. Seine Eigenschaften sind die des Atems und auch der strömenden Luft, des Windes. Er ist nicht zu fassen, aber man erkennt ihn an seiner Wirkung. Er durchdringt, belebt, erneuert, erfrischt. Und er kann auch heftig wehen, aufwirbeln, in Bewegung setzen.

„Komm, Heiliger Geist", so rufen die Gebete der Pfingstzeit. Sind wir uns darüber im Klaren, was das eigentlich bedeutet? Viele denken dabei an lebendig flatternde Feuerzungen und an einen mächtigen Sturm – Bilder, in denen die Bibel vom Geist Gottes spricht. Sie meinen vor allem seine heilende Kraft, seine Weisheit, Klugheit und andere erstrebenswerte Eigenschaften. Doch wo der Geist als das göttliche Feuer, der göttliche Sturm einkehrt, dort entpuppt er sich als ein in hohem Maß unbequemer, ja störender Gast für die eigene Egozentrik. Der gleiche Geist, der Frieden schafft, ist auch die unheimliche Störung aller persönlichen und kollektiven Selbstzufriedenheit, Selbstgerechtigkeit und Selbstsicherheit; er greift unsere Leblosigkeit und Bequemlichkeit an.

Der göttliche Atem-Geist hat keinen Respekt vor verfestigten Ordnungen, eingefahrenen Strukturen, vor zum Selbstzweck gewordenen Institutionen und anderen Heiligtümern menschlichen Egos. Seine heilbringende Unruhe gefährdet die Vorherrschaft des jeweils eigenen Selbstverständnisses. Sturmwind und Feuer, in denen sich laut Bibel das göttliche Wirken ausdrückt, sind die unheimlichsten unter den Elementen. Sie lassen nichts, was sie ergreifen, wie es war, weder am gleichen Ort, noch im gleichen Zustand.

Wer die schöpferische Kraft des Geistes herbeisehnt, soll wissen, dass dieser Geist um der Wahrheit willen und, bevor die Heilung spürbar wird, den Menschen massiv stören kann:

→ in seinen Denkgewohnheiten,
→ in seinen eingefahrenen Verhaltensmustern,
→ in allem, was er als seinen „Besitz" festhält,
→ in allem, wovon er meint, dass er es beherrsche oder kontrolliere.

Wer also um den göttlichen Geist betet, sagt damit auch:

→ Bring neuen Wind und störe mich, wo ich gestört werden muss.
→ Reiß ab, was abgerissen werden muss.
→ Verbrenne, was verbrannt werden muss.
→ Ändere, was geändert werden muss.

Nichts bleibt verschont, die verfestigten Ich-Strukturen werden radikal infrage gestellt. Wie der Sturm abgestorbene Zweige und Äste von den Bäumen reißt und sich reinigend auf das Geäst des Baumes auswirkt, so greift der Geist Gottes in unser Leben ein.

Auch das Feuer kann plötzlich und unerwartet ausbrechen. Damit erzwingt es einen radikal neuen Anfang. Wir müssen damit rechnen, dass der Geist, dessen Kommen wir herbeirufen, auch in uns einen neuen Anfang schafft – und dies wird anders geschehen, als wir meinen, dass es geschehen sollte oder müsste.

Alles Große beginnt klein

In meinem Elternhaus war zwischen dem Garten und der Straße eine lange und hohe Mauer. Für mich als Kind war sie etwas Besonderes. In den ersten Lebensjahren markierte sie meine Welt. Dort war ich zu Hause und kannte die Welt draußen noch gar nicht. Später durfte ich allein auf die Straße. Im Streit mit anderen Kindern wurde mir die Mauer zum wunderbaren Schutz. Wenn ich draußen etwas angestellt habe, konnte ich einen fluchtartigen Rückzug hinter sichere Mauern ergreifen.

Als Gefängnis habe ich die Mauer empfunden, wenn draußen das Wetter schön war und ich bei der Gartenarbeit helfen musste, obwohl ich eigentlich mit anderen Kindern Fußball spielen oder schwimmen gehen wollte. Ganz brutal trennte mich an solchen Tagen die Mauer von allen schönen Dingen des Lebens.

Im Leben der Erwachsenen gibt es ebenfalls Mauern. Alle kennen sichtbare Mauern aus Stein oder Stacheldraht und unsichtbare Mauern aus Hass oder Vorurteilen. Alle wissen, wie es sich anfühlt, wenn man geborgen und geschützt ist wie durch eine Mauer, und wie es sich anfühlt, wenn die Mauer trennt, gefangen hält oder wenn Menschen sich wie eingemauert erleben.

Spirituell ausgerichtete Menschen sind vertraut mit diesen Mauern im eigenen Inneren, die ein Bild der Trennung sind. Wo es weder Bedrohung noch Abkapselung gibt, dort werden Mauern überflüssig.

Ursache vieler Mauern in unserem Kopf ist die trennende Unterscheidung von „Ich" und „Du", von „Mein" und „Dein". Sie geht Hand in Hand mit dem Festhalten an „ich will", „ich will nicht" und „ich will es anders". Auf dem spirituellen Weg lernen wir, diese Mauern zunächst wahrzunehmen, denn sie sind einem oft gar nicht bewusst. Wir erkennen auch, dass sie nur in unserem eigenen Kopf existieren und dass es sie in Wirklichkeit gar nicht gibt. Wir werden angehalten, sie zu überwinden, indem wir aufhören, an unseren Konditionierungen festzuhalten.

Manchmal erschrecken Menschen, wenn ihnen bewusstwird, wo sie überall an Mauern festhalten. Sie fühlen sich überfordert, wenn sie das alles loslassen sollen. Doch es ist wie mit jedem anderen Lernen und Üben. Kein ungeübter Sportler beginnt beim Marathonlauf und kein angehender Pianist beginnt bei den Sonaten von Chopin. Wir fangen dort an, wo unsere Kräfte es uns erlauben. Dort sind wir nicht überfordert. sondern können unsere Lektionen Schritt für Schritt und mit Freude bewältigen.

Uns des Atems bewusst zu sein, können wir vielleicht nicht, während wir mit einem Menschen streiten, wohl aber während eines erholsamen Spaziergangs. Achtsamkeit üben können wir wahrscheinlich (noch) nicht bei einer Geburtstagsparty, vielleicht aber während einer einfachen Hausarbeit. Wir fangen dort an, wo es leicht geht und wir Freude daran haben können, und nicht dort, wo es uns überfordert. Was schwieriger ist, kommt später. Jeder von uns macht seine eigenen Lektionen durch. Sie sollen fordern, nicht überfordern. Spiritualität ist ein Weg der kleinen Schritte im Alltag.

Wer ist es, der leitet?

Die Situation im Vorfeld eines achttägigen Schweigekurses in der Tschechischen Republik war aufregend. Vierzig Teilnehmer freuten sich auf die Tage in der schönen Umgebung des Hostyn-Gebirges in Mähren, während ich noch mit dem Auto unterwegs war. Ich bin rechtzeitig weggefahren, um vor Ort alles vorbereiten zu können, doch starker Urlaubsverkehr, eine Autopanne und infolgedessen eine lange Verzögerung verhinderten die gute Absicht. Zwar war der Kurs von den tschechischen Freunden gut organisiert, alle Teilnehmer waren beim Abendessen versammelt, wer aber auf sich warten ließ, war der Kursleiter. Endlich angekommen, haben sich alle gefreut, dass ich überhaupt angekommen bin. So konnten wir ohne nennenswerte Verspätung mit dem Abendprogramm beginnen. Die Aufmerksamkeit musste ich aber ohne Übergang umschalten und mich von der Konzentration auf den Straßenverkehr und von der Verantwortung für einige mitreisende deutsche Teilnehmer auf das Kursgeschehen einstellen. Hinzu kamen viele neue Eindrücke und Müdigkeit. Ich spürte auch die Erwartungen der Menschen, die aus allen Teilen des Landes angereist waren. Was konnte ich ihnen geben, wenn ich selbst eine längere Erholungspause brauchte, bevor ich anfing? Als ich mich für einige Minuten in meinem Zimmer hinsetzte und mir diese Gedanken durch den Kopf gingen, da habe ich mich – es kam wie aus einer anderen Welt – plötzlich gefragt: Wer hält hier eigentlich den Kurs? Bin es wirklich ich? Ist hier nicht vielmehr eine andere Kraft am Werk, die uns zusammengebracht hat, in uns allen wirkt und uns leitet – uns alle, einen jeden und eine jede auf seine und ihre Weise? Im selben Augenblick ist die ganze Last der Verantwortung von mir abgefallen und ich fühlte mich frei. Es kam nicht darauf an, ob ich müde war, denn es galt nicht irgendetwas zu beweisen oder etwas zu vermeiden. Jene Kraft, die zugelassen hat, dass ich müde ankam, wirkt auch in einem Müden so, wie sie wirken möchte. Nicht ich leite diesen Kurs, sondern jener Geist, der in uns allen wirkt. Wie es nichts zu beweisen gibt, so gibt es auch keine Last der Verantwortung. Der Kurs liegt nicht auf meinen Schultern und das ist gut so. Ich kann loslassen und mich entspannen. Eine Kraft, die nicht die Meine ist, hat das Sagen und alles, was geschieht, ist ihr Wirken. Das ist keine Flucht aus der Verantwortung, sondern Befreiung vom Ballast. Was früher als unverzichtbare Pflicht erschien, erkannte ich im Licht dieses Erlebens als Einbildung, von der befreit zu werden ein Geschenk war.

Der Kurs geschieht. Der Leiter oder Begleiter tritt mit seinem „ich will", „ich mache" und „ich spreche" zurück. In dem Maße, in dem es geschieht, schwindet die Identifikation mit dem, was ich will und die Unterscheidung zwischen mir und der Aufgabe. Es stellt sich nicht einmal mehr die Frage nach dem, was richtig ist.

Wenn das „Ich" zurücktritt, dann mache „ich" gar nichts. Auf der Ebene, auf der diese Wahrnehmung geschieht, gibt es keinen Raum mehr für „Ich" und „Du". Es gibt nur das Eine, einfach nur das. Mangels Ausdrucksmöglichkeiten sage ich zwar nach wie vor DU, meine aber nicht ein Gegenüber, sondern diese eine, ganz andere Wirklichkeit, die eben nicht im „Ich" begründet ist. Sie ist weder ich noch du und auch nicht beides. Deswegen ist sie unaussprechbar, unsagbar. Unendlich viel mehr als Ich, unendlich viel mehr als Du und unendlich viel mehr als beide zusammen. Weil wir aber diese Unaussprechbarkeit des EINEN irgendwie mitteilen möchten, brauchen wir Namen. So nennt es die Bibel „Gott" oder „Das Reich Gottes", im fernen Osten wird es „Leere" genannt und tausende andere Namen kämen hinzu. So hat die eine, letzte und einzige Wirklichkeit viele Namen und alle sind richtig – ein bisschen.

Ja zum Leben

Wenn Menschen gefragt werden, warum sie meditieren, antworten sie in etwa so:
Ich suche
- → einen tieferen Lebenssinn
- → Gott
- → mein tiefstes Wesen
- → ich möchte ruhiger werden
- → ich möchte mich besser kennenlernen
- → es tut mir einfach gut
- → …

Wenn sie die Stille-Übung eine Zeitlang praktizieren und der Reiz des Neuen nachlässt, kommen andere Phasen hinzu. Unlust und Langweile tauchen auf oder sie werden mit schmerzhaften Erinnerungen konfrontiert. Einige machen dann einen Rückzieher. Was behindert sie? Oder anders gefragt: Was suchen sie wirklich? Wäre es nicht ehrlicher zu sagen: „Ich sage zwar, dass ich Gott suche, aber eigentlich suche ich vor allem, dass ich mich wohl fühle?" Ein gutes Gefühl ist wichtiger, als viele sich das eingestehen möchten. Die Abhängigkeit vom Bedürfnis, sich wohl zu fühlen, ist eines der großen Hindernisse auf dem inneren Weg.

Dazu muss klärend gesagt werden, dass es richtig ist, das eigene Wohlbefinden zu suchen. Selbstverständlich möchten wir uns wohl fühlen und glücklich sein. „Strebe danach, glücklich zu sein", heißt es in der bekannten Lebensregel von Baltimore. Es wäre mit uns etwas nicht in Ordnung, wollten wir das nicht. Gar keine Frage, sich wohlfühlen und glücklich sein zu wollen, ist wichtig und erstrebenswert.

Gleichzeitig müssen wir hinzufügen: Ja, aber das ist nicht alles, denn es ist nicht das ganze Leben. Das Leben ist auch dort lebenswert, wo Menschen sich nicht wohlfühlen. Es kann sogar als sinnerfüllt und lebenswert erfahren werden, wo Menschen krank sind, verfolgt werden oder auf anderer Weise leiden.

Wir möchten uns wohlfühlen und suchen das Glück. Gleichzeitig werden wir unweigerlich in Situationen geführt, in denen wir das nicht spüren. Ein Ja zum ganzen Leben beinhaltet aber auch ein Ja zur Krankheit und letzlich zum Tod. Dieses Ja meint nicht, das Schwere zu suchen.

Es meint, nicht davonzulaufen, wenn es da ist, sondern sich dem zu stellen, was auf uns zukommt. Misserfolge, Krankheit, Leid, Tod sind die dunkle Seite des Lebens. Sie sind ein Geheimnis und eine Herausforderung. Ihren Sinn zu erfassen, kann schwer sein. Manchmal vergehen viele Jahre, bis wir erkennen, wozu etwas gut war.

Das eigentliche Problem ist nicht, dass wir uns wohlfühlen möchten, sondern dass wir die dunkle Seite des Lebens negieren. Sie zu akzeptieren heißt nicht zu resignieren. Akzeptanz schließt Kampf und Auseinandersetzung mit ein. Kämpfen kann aber auch heißen, eine Situation, einen Zustand auszuhalten. Ein wesentliches Merkmal eines indianischen Kriegers ist das Aushalten. Die „Krieger-" oder „Kämpferhaltung" gibt es auch im spirituellen Sinne. Im Aushalten lassen wir eine Situation auf uns zukommen und machen das Beste daraus. Wir stellen uns, laufen nicht weg. Leidensfähige Menschen sind keine Schwächlinge und keine Drückeberger. Sie sind stark im Nehmen.

Es ist, wie es ist

Das Wort „Annehmen" hat keinen guten Ruf. Manchmal protestieren Menschen sogar, wenn davon die Rede ist. Sie wollen sich wehren, Probleme vermeiden, kämpfen, sich auseinandersetzen. „Annehmen" suggeriert, dass wir uns alles gefallen lassen müssen, dass wir zu allem Ja und Amen sagen und nichts dagegen tun. Das alles meint „Annehmen" freilich nicht.

Das Leben in seinem Sosein anzunehmen, ist eine Herausforderung, ein Prozess, der Auseinandersetzung nicht ausschließt, sondern innere Konfrontation, Protest und Widerstand beinhaltet. Annehmen im spirituellen Sinne ist Ausdruck der Stärke. Eine Situation anzunehmen, bedeutet, bereit zu sein, ihr zu begegnen, wie sie ist, den damit verbundenen Schmerz anzuschauen, auszuhalten und aufzulösen. Im Annehmen stellen wir uns der Wahrheit einer Situation.

Vieles, was sich als Abwehr, Schutz oder Kampf darstellt, ist in Wirklichkeit ein Ausdruck von Angst. Doch Angst hat die Eigenschaft, das an sich zu ziehen, was sie zu vermeiden sucht. So könnten wir, inspiriert durch Johannes vom Kreuz, sagen:
Wovor du Angst hast und was zu meiden du versuchst, in das wirst du hineingeführt.

→ Hast du Angst vor Schwäche? Dann wirst du in Situationen hineingeführt, in denen du dich schwach fühlst.

→ Hast du Angst vor dem Scheitern? Dann wirst du es erleben.

→ Hast du Angst vor Einsamkeit? Dann wirst du dich einsam fühlen.

→ Hast du Angst vor Versagen? Dann geht dein Weg über das Erleben des Versagens.

→ Hast du Angst vor Nicht-angenommen-sein? Dann wirst du die Ablehnung erleben.

→ Hast du Angst vor Nicht-geliebt-werden? Dann wirst du durch diese Gefühle gehen.

Selbst in der äußeren Realität ziehen wir das an, wovor wir Angst haben. Doch hier sind innere Zustände und Erlebnisse gemeint. Manchmal berühren sie uns nur leicht, ein anderes Mal werden wir tiefer in das schmerzhafte Erleben hineingeführt. Ziel ist, sich dem, was ist, zu stellen und es als Herausforderung anzunehmen. Nur so können Probleme wirklich überwunden werden. Sollten besondere Ereignisse eintreten wie schwere Krankheit, Verkehrsunfall, Scheitern im Beruf oder auch Erlebnisse der Ablehnung, Erniedrigung, Verlassenheit, schwere Schuldgefühle, brauchen wir besonders viel Kraft, damit sie uns nicht aus der Bahn werfen. Es gibt nützliche Übungen, um die eigene Widerstandfähigkeit (Resilienz) zu stärken, aber die größte Widerstandskraft entsteht dort, wo wir durch Erfahrung verankert sind in unserem tiefsten Wesen, der göttlichen Kraftquelle. Die Einheitserfahrung verhindert zwar keine Katastrophen, aber wir kommen leichter über sie hinweg, denn sie werden als Stürme an der Wasseroberfläche des Ozeans erkannt, die den Frieden in der eigenen Tiefe letztlich nicht nehmen können.

Das „Ja" des Annehmens ist zunächst ein aktiver Vorgang. Er beginnt mit dem ausgesprochenen oder unausgesprochenen Entschluss „ja ich will". Später tritt der Wille zurück. Aus dem ursprünglich willentlichen Akt wird etwas, das an uns geschieht, uns gegeben wird, und ist mehr als nur ein passives Erdulden. Schließlich wird das Annehmen zu einem befreienden Geschenk. Es löst den inneren Konflikt und das mit ihm verbundene Leiden auf.

Durststrecken

Seit der Studienzeit habe ich eine besondere Beziehung zum St. Georgenberg in Innsbruck, dem heiligen Ort vieler Tiroler. Freunde, die Tirol kennenlernen wollten, habe ich gerne hingeführt. Ob wir den Weg vom Kloster Fiecht oder von Stans aus über die Wolfsklamm mit ihren rauschenden Wasserfällen aufgestiegen sind: der Weg allein war schon ein Erlebnis.

Als dort Jahre später ein Kontemplationskurs in der Karwoche angeboten wurde, habe ich mich sofort angemeldet. Mit großer Entschlossenheit und gutem Willen bin ich in dieses „Trainingslager" hingefahren, bereit, alles mir Mögliche zu tun, um auf dem inneren Weg weiter voranzukommen. Die langen Zeiten der Stille, ergänzt durch die Feier der Liturgie, eingebettet in eine kraftvolle Umgebung, haben die Kontemplationsübung unterstützt. Ich konnte mich sehr gut auf beides einlassen. Die Tage waren mit Fasten verbunden, was die Übungen weiter intensiviert hat. Mit einigen Freiwilligen haben wir auch einen guten Teil der Nächte meditierend verbracht. Entgegen den meisten anderen Kursen hat sich bei mir dieses Mal kaum etwas getan. Keine besonderen Erlebnisse, keine tiefere Erkenntnis, keine Befreiung. Nur trockenes Sitzen und Schmerzen in den Gliedern haben mich die acht Tage begleitet. Am Karsamstag begann das Fastenbrechen und nach der Liturgie am Ostersonntag endete der Kurs.
Alle schienen sehr glücklich, haben erzählt, gesungen, sich gefreut, doch bei mir wollte keine Osterfreude aufkom-

men. Als ich dann mit meinem Rucksack zu Fuß hinunter zum Parkplatz ging, kamen mir die Tränen. Die Auferstehung erschien mir als etwas, was für alle gilt, nur nicht für mich. Mein Zustand glich eher dem Karsamstag. Da war nichts, es bewegte sich nichts, keine Hoffnung, kein neues Leben, kein Sinn. Zu Hause angekommen, habe ich mich zwar gefreut, wieder bei der Familie zu sein, aber die langen Übungszeiten schienen keine Wirkung zu zeigen. Dieser Zustand hielt lange an. Ich kam mir vor wie der letzte Anfänger, der keine Ahnung hat, worauf es auf dem Weg wirklich ankommt. Manchmal tat ich mich schwer, die Zeit für die tägliche Übung einzuhalten. Wozu auch, wenn alles so bleibt wie es war? Irgendwie hat es mich aber doch immer wieder zum Sitzkissen gezogen. Ich wusste zwar nicht wozu und warum, aber ich wusste auch, dass ich anders nicht konnte, weil ich nichts Besseres wusste. Was immer ich auch sonst gemacht hätte, es wäre nicht besser gewesen als das Sitzen auf dem Meditationskissen. Im Gegenteil, es wäre nur Flucht aus Leere und Trockenheit in eine noch größere Sinnleere der Alltagsgeschäftigkeit oder Unterhaltung gewesen.

Wie lange diese Zeit gedauert hat, kann ich nicht mehr sagen. Es gab solche Phasen nicht nur einmal und es gab mehrere „Fluchtversuche" meinerseits. Ganz langsam, unbemerkt und erst im Rückblick deutlich sichtbar, veränderte sich einiges in mir. Es waren Kleinigkeiten. Doch in ihrer Summe waren sie viel mehr als das. Sie hatten zu tun mit größerer Belastbarkeit, Kreativität, Selbstvertrauen und insgesamt mit mehr Lebensfreude.

Heute weiß ich und sage es auch anderen: Durststrecken auf dem inneren Weg sind nicht leicht, aber sie sind sehr wichtig, weil in ihnen, wie in einer dunklen Nacht, wie Johannes vom Kreuz es nennt, die eigentliche Wandlung vollzogen wird. In diesen Zeiten wird die Treue zum inneren Weg gestärkt, die mehr bedeutet als nur Durchhalten oder gar Erleiden.

Diese Phasen lassen sich mit dem Alltag zweier Menschen vergleichen, die sich lieben. Sie holen sich gegenseitig von der Arbeit oder von der Schule ab und gehen zusammen nach Hause. Sie haben sich viel zu erzählen und genießen es, zusammen zu sein. An manchen Tagen aber, da gibt es vielleicht Ärger am Arbeitsplatz, es ist ein verregneter Tag, einer von beiden ist müde, hat Kopfweh, fühlt sich nicht gut. Auch an diesen Tagen holen sie sich ab. Nicht weil es so schön wäre, sondern weil sie sich lieben. Dann gehen sie vielleicht schweigend, aber sie bleiben zusammen. Solche Zeiten sind für die Partnerschaft sehr wertvoll. Man stelle sich nur vor, zwei Menschen würden nur zueinanderstehen, wenn es schön ist und Spaß macht.

Das geliebte Gegenüber auf dem inneren Weg ist etwas, was zu beschreiben uns nicht möglich ist. Es ist zwar unser Eigenes und wir sind unzertrennlich damit verbunden, aber wir erleben es lange nicht so. Stattdessen fühlen wir uns getrennt, spüren, dass uns etwas Wichtiges fehlt. Es fühlt sich wie ein Loch an und wenn wir versuchen, uns abzulenken, es mit irgendwelchen Beschäftigungen oder Vergnügungen zu füllen, so hilft es nicht wirklich. Die schmerzhafte Leere bleibt.

Auf dem Weg zur Ganzheit – wir sprechen auch vom Heilsweg – ist vieles zu klären, manches ist zu versöhnen, Abgetrenntes gilt es zu integrieren. Das braucht Zeit, Geduld und lässt sich nicht verordnen und nicht erzwingen, sondern wird zugelassen. Es geschieht, wenn die Voraussetzungen stimmen. Der innere Wachstumsprozess hat seine Gesetzmäßigkeit und lässt sich nicht beliebig manipulieren. Es scheint, als hätten Durststrecken eine wichtige Bedeutung in diesem Wachstumsprozess, deren Sinn jeder für sich, nicht aber für andere, zu entdecken hat.

Erlebtes in Worte kleiden

Spirituelle Erfahrungen sind kein Selbstzweck und stehen nicht für sich selbst, sondern im Dienst der Menschwerdung. Jeder soll sich mit all seinen Fähigkeiten und Möglichkeiten entfalten. Wenn mehrere Personen die gleiche Erfahrung machen und dann zu beschreiben versuchen, was sie erlebt haben, können sich die Berichte darüber sehr unterscheiden. Je nach Erziehung, Bildung, religiöser Zugehörigkeit und sozialem Umfeld verwenden Menschen unterschiedliche Bilder und Worte. Das gilt umso mehr, wenn sie die eine und letzte Wirklichkeit erfahren. Auch hier können die Gefäße, in die sich die Erfahrung ergießt, sehr unterschiedlich sein und dementsprechend auch die Versuche, darüber zu sprechen. Worte benennen etwas, was letztlich nicht benannt werden kann, weil es über alle Namen steht.

Was wir erleben, muss nicht in eine bestimmte Begrifflich-keit gezwängt werden. Die Unterschiede in der Sprache sind zu respektieren. Religiöse Schriften geben eine gute Orien-tierungshilfe. Ihre Ausdruckweise zeigt, wie Menschen et-was erlebt haben. Ihre Worte und Bilder sind Möglichkeiten, Hinweise aber keine Notwendigkeit. Wer sich auf sie fixiert, sie als ein „so muss man es sagen" empfindet, dem können sie sogar zum Hindernis werden. Selbst Erfahrungsberich-te großer Mystiker können leicht missverstanden werden, wenn wir uns Bilder davon machen, was und wie etwas zu erfahren ist und wie wir darüber sprechen müssen. So ist der Ausdruck „Christus realisieren" ein wunderbares Bild. Aber doch nur für Menschen mit einem christlich-religiö-sen Bezug. Und selbst da tun sich manche Christen mit der Christusgestalt schwer. Es geht nicht um die Begrifflichkeit, als ob etwas nur so und nicht anders ausgedrückt werden dürfte, sondern es geht darum, sich für die spirituelle Wirk-lichkeit zu öffnen, damit sie in uns so wirken kann, wie sie von sich aus wirken möchte. Wer dann etwas erfährt, sucht Sprache, Bilder, um das Erlebte auszudrücken. Damit macht er noch lange keine eigene Religion und negiert auch nicht das Christentum, sondern er spricht von unendlicher Liebe, von der Welle, die das Meer ist, vom Einssein mit Gott, von der Leere oder er drückt es anders aus und ist sich gleich-zeitig der Unbeholfenheit seiner Ausdrucksweise bewusst. Wir erkennen Gott immer nur so, wie er sich uns erken-nen lassen möchte – und nicht anders. Wenn wir anschie-ßend darüber sprechen, ist unsere Wahrnehmung bereits gefiltert durch Glaubensüberzeugungen und eine bisherige Sichtweisen auf Gott, Mensch und die Schöpfung. Probleme entstehen dort, wo Menschen die in Worte gekleidete Erfahrung mit der Erfahrung selbst verwechseln. Dann sehen sie nur das Kleid, die Hülle, und meinen, dass das schon alles sei. Die eigentliche unfassbare Wirklichkeit wird versachlicht und damit verharmlost.

Die Neigung, Gott zu vergegenständlichen, ist eine bleibende Versuchung. Sie bezieht sich nicht nur auf die naive Volksfrömmigkeit und nicht nur auf eine erste Phase des spirituellen Weges. Es ist eine uns ständig begleitende Neigung, uns dort, wo wir angekommen sind, einzurichten, neue Grenzen zu schaffen, uns abzusichern und eine neue Gegenständlichkeit – wenn auch auf einer anderen Ebene – zu schaffen. Das Aufbrechen ins Unbekannte, das Ankommen und wieder neu Aufbrechen, beschrieben in den biblischen Erzählungen von Abraham und von der Wüstenwanderung des Volkes Gottes im Alten Testament, drückt eine wichtige Gesetzmäßigkeit des spirituellen Weges aus. Solange wir leben, sind wir ihr unterworfen.

Wer etwas erfahren hat, der wird erkannt von dem, der ebenfalls eine Tiefenerfahrung gemacht hat, unabhängig davon, mit welchen Worten oder Bildern er darüber spricht. „Wissende wissen, dass sie wissen, und sie wissen, wenn andere wissen", hat einmal Raimon Panikkar in einem Gespräch gesagt. Wo das göttliche Wesen im Menschen aufleuchtet, dort weiß man und wird erkannt von denen, die ebenfalls dieses Licht erlebt haben. Darüber zu sprechen war für die Menschen immer schon ein Problem, weil es ganz anders ist, als alles, was sie aus ihrem Alltag kennen. Von Stammeln, Stottern ist dann die Rede. Meistens braucht es Zeit, bis Worte in uns wachsen. Worte sind wichtig, um uns mitzuteilen. Ebenso wichtig ist es, zensurfrei darüber zu diskutieren, wie wir heute über spirituelle Erfahrung sprechen können, damit uns Menschen verstehen und das Gesagte annehmen können. Noch wichtiger ist das Leben im Alltag, das aus der Erfahrung heraus gestaltet wird.

Brücken bauen

Die eigene spirituelle Entwicklung ist eingebettet in ein konkretes Umfeld, wird von ihm beeinflusst und geformt. In meinem Fall waren es vor allem zwei sehr unterschiedliche Menschen, die mich geprägt haben. Beiden bin ich unendlich dankbar, denn sie haben mir einen tieferen Zugang zu mir selbst, zum Leben und zur Religion aufgezeigt und wichtige Hinweise für den Weg nach Innen gegeben.
Der eine ist zwischen meinem 19. und 25. Lebensjahr in mein Leben getreten, der andere ab meinem 32. Lebensjahr. Der erste war Jesuit, Spiritual, Professor und anerkannter Fachmann für Spiritualität an einer päpstlichen Universität in Rom. In späteren Jahren gab er Exerzitien für den Papst und für die römische Kurie. Ganz und gar ein Mann der Kirche, von Papst Johannes-Paul II. für sein Lebenswerk zum Kardinal ernannt. Der andere, Benediktiner, gefragter Zenmeister mit großer spiritueller Tiefe, erfahrener Praktiker, der vielen Menschen in und außerhalb der Kirche in ihrer persönlichen und spirituellen Entwicklung zu einem

wichtigen Begleiter geworden ist; gleichzeitig mit Leib und Seele Mönch, der aber mit seinen Aussagen bei der kirchlichen Leitung wiederholt angeeckt ist.

Wie zwei Enden eines Bogens markieren diese beiden Männer zwei Pole meiner persönlichen Entwicklung. Beide sind für mich im höchsten Maße authentisch und glaubwürdig. Wenn sie sprechen, ist es wahr im besten Sinne des Wortes. Sie meinen, was sie sagen, und orientieren sich danach in ihrem eigenen Handeln. Für mich repräsentieren sie zwei Höhepunkte dessen, was die katholische Kirche in unserer Zeit an Echtheit und Wahrhaftigkeit hervorgebracht hat, aber auch zwei Pole dessen, was in dieser Kirche als Spannungsbogen der Unterschiede möglich ist. Ich selbst bin weder der eine, noch der andere und auch nicht die Mischung aus beiden. Wer bin ich dann?

Es ist eine wichtige Lebensaufgabe, Brücken zu bauen zwischen dem Menschen, der wir einst waren, und dem Menschen, der wir heute sind.
Was wir erlebt haben, was uns geprägt hat und was wir erfahren haben, ist zu verknüpfen und zu integrieren. Jeder von uns wird im Laufe der Jahre von vielen Seiten unterschiedlich und oft genug gegensätzlich beeinflusst. Eltern, Lehrer, Gesellschaft und Religion prägen das eigene Denken, Sprechen und Handeln. Darüber hinaus korrigieren sie die bisherige und beeinflussen die künftige Entwicklung. Neben bereichernden und sinngebenden Einflüssen gibt es auch Schmerzhaftes und Verletzendes, das tiefe Wunden aufreißen kann.

Was wir lernen, wissen und erleben, hat oft keinen inneren Zusammenhang. Erlebtes und Informationen stehen nebeneinander, sind nicht verankert und eingebunden in das Ganze des Lebens. Wenn wir etwas Neues lernen, uns informieren oder etwas erleben, so ist das nur der Anfang. Wirklich unser Eigen wird es erst, wenn es zu Fleisch und Blut geworden, eingebettet und integriert ist. Wie einzelne Maschen eines Netzes müssen Wissen und Erfahrungen eingebunden werden, um zu einem Ganzen zu werden. Ähnlich wie unser Körper mit seinen einzelnen Organen eine Einheit bildet, von einer unsichtbaren Intelligenz geordnet und in Millionen seiner Funktionen koordiniert wird, so sollte auch unser Denken, Sprechen und Handeln eine Einheit bilden.

Wenn es körperliche Störungen gibt, sprechen wir von Brüchen, Wunden, Entzündungen oder Geschwüren. Wenn es Unstimmigkeiten gibt zwischen dem, was Menschen denken und sagen, zwischen dem, wie sie reden und wie sie handeln: Was ist es dann? Hier wird ebenfalls Heilung benötigt.

Wir alle sind Brückenbauer in unserem eigenen Lebensentwurf. Die Brücken verbinden das, was wir in der Vergangenheit erlebt haben, mit dem, was wir heute sind. Wir haben Brücken zu bauen zwischen dem, was wir denken, sagen und dem, wie wir im Alltag handeln. Wir sind die Brückenbauer zwischen den Polen des eigenen Lebens und ebenso auch Brückenbauer von Mensch zu Mensch, von mir zu dir.

Versöhnung

Einmal waren wir mit einer Gruppe deutscher Kursteilnehmer auf dem Weg zu Begegnungstagen in der Tschechischen Republik. Im Kloster Vranov nördlich von Brno wollten wir uns mit den tschechischen Teilnehmern treffen und gemeinsam einige Tage in Stille und Begegnung verbringen. Wir fuhren über Wien, entlang der Strecke, über die am Ende des 2. Weltkrieges tausende deutschsprachige Einwohner von Brno, vor allem Frauen, Kinder und ältere Männer das Land verlassen mussten. Wir sprachen über den Todesmarsch, der am 31. Mai 1945 von Brno ausgegangen ist. Viele haben damals den anstrengenden Marsch nicht überlebt. Sie erkrankten schwer, manche wurden sogar erschossen oder erschlagen. Vertreibung wird es in Deutschland genannt, Abschiebung oder Aussiedlung in Tschechien. Einige der Teilnehmer erzählten Erschütterndes über Angehörige, die diese Zeit erlebt hatten und auch heute noch verbittert sind. Für mich war die ganze Situation sehr bewegend, aber auch beschämend, denn Südmähren ist meine Heimat. Dort in der Nähe habe ich meine Kindheit verbracht, in Brno habe ich studiert. Ich liebe dieses Land und die Menschen. Aber auch Österreich und Deutschland sind mir zur Heimat geworden. Ich lebe seit vielen Jahren in Bayern, bin sehr dankbar für diese neue Heimat, liebe sie ebenfalls und ich schätze ihre Menschen. Es war schlimm zu hören, was meine Landsleute am Ende des Krieges getan haben.

Dann erinnere ich mich an das erschütternde Erlebnis einer tschechischen Mutter gegen Ende des Krieges. Deutsche Soldaten haben Häuser nach Frauen mit kleinen Kindern oder Schwangeren durchsucht, um sie als lebende Schutzschilde vor ihren Panzern her zu treiben. Diese Frau war gerade schwanger. Verzweifelt hat sie ein Versteck gesucht. Sie wurde nicht entdeckt, aber sie sah andere, die entdeckt wurden. Das Erlebnis prägte sie und ihre Familie für immer. Bis heute ist eine große Verbitterung in dieser Familie spürbar.

Nicht jeder Mensch hat Vergleichbares erlebt, aber jeder weiß, wie es sich anfühlt, wenn Menschen anderen Menschen Unrecht antun. Auch in unserer Zeit erleben Menschen Schlimmes. Jedes Leid ist persönlich, einmalig, und oft können Worte nicht ausdrücken, was jene wirklich erlebt haben, denen Leid durch andere Menschen zugefügt wurde. Respekt vor der menschlichen Würde verlangt, dass wir es auch respektieren und aushalten, wenn verbitterte Menschen nicht anders können, als in Wut oder Trauer zu leben. Die Folge ist allerdings, dass einmal erlebtes Leid sich nun als Leid an den eigenen Gefühlen und Erinnerungen fortsetzt. Der eigene Hass, Zorn oder die eigene Traurigkeit werden ihrerseits zu einer Quelle des Leidens.

Hat das nie ein Ende? Wie finden Menschen Frieden mit ihrer Vergangenheit mit anderen Menschen und letztlich mit sich selbst, den eigenen Erinnerungen, Gefühlen und deren Folgen, die so oft zu neuem Unrecht führen? Es muss doch möglich sein, diesen Teufelskreis des Unrechts zu durchbrechen!

Friede und Versöhnung setzen voraus, dass Menschen bereit sind, sich ihrer Vergangenheit, sich selbst und der Wahrheit zu stellen. Versöhnung braucht nicht nur die Erinnerung an das eigene Leid, sondern auch die Erinnerung an das Leid der anderen Seite. Echte Versöhnung verschweigt die Wahrheit nicht. Sie hat das erlittene Unrecht klar vor Augen, blickt aber weiter. Sie erkennt den Anderen in seinem Menschsein, in seiner Schwäche und sucht eine Begegnung, in der auch der Schmerz und die Würde des Anderen gesehen werden können.

Es gibt zwei Arten solcher Begegnungen: eine, die aufrechnet, und eine, die aufleben lässt. Diese zweite ist umfassend, schließt nichts und niemanden aus. Sie geht Hand in Hand mit Vergebung. Begegnung, die aufrechnet, ist gegenständlich. Sie geht mit der Schuld um wie mit einem Gegenstand. Die Schuld wird gemessen, gewogen und bewertet. Sowohl die eigene als auch die Schuld des Anderen wird zerlegt, verglichen und gegeneinander aufgerechnet. Manchmal wird die Schuld des Anderen als Waffe verwendet, mit der man zurückschlagen kann. „Du hast mir das alles angetan! Jetzt zahle ich es dir zurück! Du wirst büßen, bis ich Genugtuung gefunden habe." Dann kommt der andere und sagt: „Du bist aber auch kein Unschuldslamm. Denk nur an das … und das … – Auch darüber müssen wir jetzt reden." Die Schuld beider Seiten wird gemessen, gewogen und dann wird geurteilt, Gerechtigkeit wird gesucht.

Manchmal sagen Menschen auch: „Vergessen wir, wer was wem angetan hat, lassen wir das alles hinter uns. Schauen wir nicht zurück, sondern nach vorne. Denken wir nicht mehr daran." Eine solche Versöhnung wäre nicht echt, sondern nur eine Scheinversöhnung. Menschen täten nur als ob, innerlich aber bliebe eine wichtige Aufgabe unerledigt: Die tiefere Begegnung mit der Wahrheit, wo die Schuld losgelassen wird und Heilung an der Wurzel des Übels geschieht.

Zu dieser Heilung führt ein anderer Umgang mit der Schuld, der über den gegenständlichen Umgang weit hinausgeht. Er rechnet die Schuld nicht auf, sondern sagt: „Ja, du bist schuldig, ich nehme nichts von deiner Schuld weg, aber ich klebe nicht daran. Ich werde deine Schuld nicht als Waffe gegen dich verwenden. Ich werde dich nicht klein halten oder verlangen, dass du dich vor mir erniedrigst. Ich nehme dich mit deiner Schuld an. Ein neuer Anfang soll für dich möglich sein und ein Leben in Würde."

Dieser Schritt ist sehr schwer. So schwer, dass sich zunächst einmal alles in uns dagegen wehrt, denn er trifft uns in den Wurzeln unseres Ichs. Zunächst sind wir wie gelähmt, der Atem kann uns wegbleiben, bevor wir frei werden von Hass, von Wünschen nach Genugtuung, von unserer Co-Abhängigkeit an der Schuld des Anderen und bevor wir Frieden finden. Was mit wenigen Worten gesagt wird, ist ein Prozess, der lange dauern kann. Unsere Identifikation mit den Wünschen nach Vergeltung und Genugtuung ist aufzulockern. „Das geht nicht an einem Tag und auch nicht in kurzer Zeit", sagt Johannes Tauler. „Man muss dabei aushalten." Dann kann eines Tages der Panzer der eigenen Fixierungen und Konditionierungen durchbrochen werden.

Dieser Schritt der Versöhnung dreht nicht nur uns selbst um, er dreht auch den anderen um. Denn es wird nichts von seiner Schuld weggenommen. Er muss mit ihr leben, aber es wird ihm ein neuer Anfang ermöglicht. Ja, er hat es getan, aber er darf leben und er darf sich ändern. Er muss mir nicht immer wieder neu zeigen, dass er bereut und versucht, seine Schuld gut zu machen. Wenn dem so wäre, könnte er nicht durchatmen, sondern wäre als Sklave seiner Schuld mir ausgeliefert. Ich klebe nicht an seiner Schuld oder an meiner Genugtuung. Er darf durchatmen. Ich lege diese Waffe, die ich gegen ihn halte, aus der Hand, ich ver-gebe sie.

Dieser Schritt ist sehr persönlich und tiefgreifend. Ich kann nur demjenigen Menschen verzeihen und Versöhnung anbieten, der sich gegen mich schuldig gemacht hat. Es ist nicht möglich, sich wirksam für andere zu versöhnen, nicht im Namen einer Gruppe, wenn nicht alle diesen Schritt mitgehen können, und auch nicht im Namen eines Volkes oder einer Religion. Staatsoberhäupter und religiöse Führer können Zeichen setzen, sie können zur Versöhnung einladen, ermutigen, aber sie können Versöhnung nur für sich selbst realisieren.

Es ist beschämend, wenn Menschen, die uns persönlich nahestehen, sich schuldig gemacht haben, auch wenn wir selbst nichts damit zu tun haben. Es ist auch schmerzhaft zu sehen, wie Menschen am Unrecht, das ihnen geschehen ist, verbittern. Damit werden sie zum zweiten Mal Opfer. Nach dem Unrecht, das ihnen durch Andere angetan wurde, werden sie zum Opfer ihres eigenen Unvermögens, über den Schmerz hinauszuwachsen, indem sie verzeihen. Bitterkeit und Hass produzieren neuen Schmerz. Selbst wenn diese noch so verständlich wären, sind sie keine Glücksbringer, sondern Kriegstreiber. Arbeit an der Versöhnung ist Friedensarbeit. Wer Frieden will, soll nicht vergessen, aber er muss verzeihen können.

Ausreden

Auf dem Dachboden des Elternhauses gab es einen großen Raum, in dem alles abgestellt wurde, was im restlichen Haus keinen Platz hatte. Es ist erstaunlich, was sich dort im Laufe der Jahre alles angesammelt hat: Es entstand eine geheimnisvolle Welt aus Fotos, alten Zeitschriften, wenig beliebten Geschirr, Möbelstücken und alten, teilweise defekten Geräten. Für mich als Kind war das wie ein fremdes Land, in das ich auf Entdeckungsreise ging, um Schätze zu finden. Manchmal träumte ich von vergangenen Zeiten, in denen meine Vorfahren gelebt hatten, oder ich überlegte mir, was man mit alledem wohl anstellen könnte. Später bin ich ebenfalls auf den Dachboden gegangen, wenn ich etwas gebraucht habe. Vielleicht finde ich etwas, das ich für mein Vorhaben brauchen könnte, so dachte ich. Eine Materialliste erstellen, ins Geschäft gehen und das Nötige einkaufen war damals in einem kommunistischen Land für normale Leute undenkbar. So entwickelten viele Menschen die Kunst der Improvisation in allen Lebenslagen. Etwas von dieser Haltung „schauen-was-da-ist und was-sich-daraus-machenlässt", ist mir bis heute geblieben. Am stärksten fällt es mir im Garten auf. Beinahe alles, was der Garten bringt, landet entweder auf dem Küchentisch oder auf dem Kompost. Nicht einmal Steine werden einfach entsorgt, sondern im Hochbeet eingebaut.

Diese Einstellung kann auch im geistlichen Leben nützlich sein, wenn es darum geht, mit Gedanken und Problemen umzugehen, Lösungen und Antworten auf Lebensfragen zu finden. Nicht dem Traum einer optimalen, aber kaum realisierbaren Lösung nachlaufen, sondern sich erst einmal umsehen: Was steht zur Verfügung und was lässt sich daraus hier und jetzt machen?

Menschen beklagen sich gelegentlich über widrige Umstände. Sie können nicht meditieren, weil sie viel zu tun haben, für Familie und Kinder da sein müssen, weil sie Verpflichtungen übernommen haben in einem Sportverein, in der Politik oder in der Kirche. Andere können nicht meditieren, weil ihr Partner oder ihre Partnerin es nicht gerne sieht, weil die Kinder noch klein sind und Mutter oder Vater keine Ruhe für Zeiten der Stille finden, weil man es sich nicht leisten kann, mehrere Tage zu einem Kurs zu fahren, weil es zu weit ist, weil man sich gerade nicht wohl fühlt, weil … Wer sich nur halbherzig für etwas entscheidet, der findet immer auch genug Gründe, die dagegensprechen. Es lässt sich immer eine Lösung finden, wenn wir entschlossen sind, etwas zu tun. Partner, Kinder, Beruf und die gesamte Lebenssituation muss kein Hindernis für die spirituelle Praxis sein. Es ist gut, wenn wir versuchen, Zeit, Ort und Umstände für die tägliche Übung der Stille optimal einzurichten, wenn wir um Verständnis oder wenigstens um Akzeptanz bei unseren Mitbewohnern werben. Freilich brauchen wir auch Räumlichkeiten, Meditationshäuser, in denen spirituelle Wege unter möglichst optimalen Bedingungen gelehrt und praktiziert werden können. Es muss aber auch möglich sein, den spirituellen Weg unter nicht perfekten Bedingungen zu gehen. Wo gibt es einen Beruf, eine familiäre Situation, räumliche Umstände, eine Gruppenzusammensetzung, die optimal wäre? Wer meint, zunächst einmal optimale Bedingungen herstellen zu müssen, um meditieren zu können, läuft einer Illusion nach.

Unsere Mitmenschen sind, wie sie sind, andere gibt es nicht. Die Umstände unseres Alltags sind ebenfalls, wie sie sind. Manches lässt sich ändern, manches auch nicht. Wenn sich etwas ändern lässt, können wir es ändern, wenn nicht, so muss es kein Hindernis sein. Dann suchen wir unter den gegebenen Umständen nach anderen Lösungen. Der spirituelle Weg lässt sich prinzipiell immer und überall realisieren, doch in manchen Situationen wären wir damit überfordert. Wir fangen also dort an, wo wir es gut können. Wer zu Hause nicht meditieren kann, weil die familiäre oder räumliche Situation es nicht erlaubt, der kann sich vielleicht in einer Kirche hinsetzen, auf einer Bank im Park oder an einem anderen Ort. Unsere Lebensumstände sind nur selten so eindeutig, dass sie keine Alternative zulassen. Menschen um uns, Orte, an denen wir uns aufhalten, und wechselnde Ereignisse sind kein Hindernis und keine Störung, sondern Teil unseres spirituellen Weges. Sie prägen uns und manches fordert uns heraus. Nicht ohne sie oder an ihnen vorbei, sondern mit ihnen und durch sie bekommt unsere Praxis ihre konkrete und individuelle Gestalt.

Wichtige Gründe?

Und wenn ich mehr Zeit hätte,
wenn ich einen geeigneten Raum hätte,
wenn es bei mir zu Hause nicht so laut wäre,
wenn ich nicht so früh aufstehen müsste
wenn ich einen anderen Beruf hätte,
wenn meine Familie mehr Verständnis hätte,
wenn ich nicht so müde wäre,
wenn ich mich besser fühlen würde,
…
dann, ja dann würde ich ganz bestimmt
… einen anderen Grund finden,
warum ich nicht regelmäßig meditieren kann.

Wachsen lassen

Wege entstehen, indem wir sie gehen. Auch der spirituelle Weg konkretisiert sich im Menschen, der ihn geht. Dabei stoßen wir unweigerlich an Grenzen. Diese gilt es zu respektieren, manchmal aber auch zu übersteigen und hinter sich zu lassen. Grenzen sind wichtig. Sie schaffen Räume, innerhalb derer wir uns bewegen und entfalten können. Sie bieten Schutz, aber sie können auch zum Hindernis werden. Regelungen, die lange sinnvoll und wichtig erschienen, können eines Tages einengen und schließlich als Gefängnis wahrgenommen werden. In einer solchen Situation können wir zunächst eine Einladung zur Weiterentwicklung erkennen, denn manchmal muss sich etwas ändern, wenn es bleiben soll. Bewahren und Ändern sind keine Gegensätze, sondern zwei sich gegenseitig ergänzende Wesenszüge des spirituellen Weges und des Lebens insgesamt. Wer seine Gesundheit erhalten will, muss sich bewegen. Auch religiöse Werte sind uns anvertraut, damit wir sie mit unserem konkreten Alltag verbinden. Die religiöse Wahrheit muss atmen können, damit sie leben und wirken kann. Es genügt nicht, wenn sie nur gut konserviert aufbewahrt wird. Dann kann, was früher Segen gebracht hat, sogar krank machen. So wird das Übersteigen zum fortwährenden Erneuern dessen, was die Liturgie „Geheimnis des Glaubens" nennt. Übersteigen ist die deutsche Übersetzung des lateinischen *transcendere*. Deutlicher wird die eigentliche Bedeutung mit dem Wort Aufhebung beschrieben.

Georg Wilhelm Friedrich Hegel weist auf die dreifache Bedeutung dieses Wortes hin:
→ aufheben im Sinne von bewahren,
→ aufheben im Sinne von etwas von unten nach oben heben, es erhöhen,
→ aufheben im Sinne von abschaffen.
Alle drei Bedeutungen schwingen mit, wenn wir davon sprechen, dass die eigene Überzeugung überstiegen werden

muss. Übersteigen bedeutet niemals nur ein Hinter-sich-Lassen im Sinne von Verneinen, sondern ist ein Heben auf eine neue Ebene, wobei einiges wegfällt und einiges bewahrt bleibt. Auf dem spirituellen Erfahrungsweg geschieht dies nicht nach dem Prinzip der Beliebigkeit. Das Übersteigen ergibt sich aus der Freiheit des Geistes Gottes. Die göttliche Wirklichkeit zeigt sich uns niemals so, wie wir uns das wünschen oder ausdenken, sondern immer so, wie sie sich uns zeigen möchte. Der Geist Gottes führt immer ins Unbekannte, wenn er uns wachsen lassen will. Ziel ist das Sich-Öffnen für dieses Wirken des Geistes, der so wirkt, wie er entsprechend seiner Freiheit wirken möchte.

Der spirituelle Weg gleicht dem Werdegang eines Samens, der wächst und sich entfaltet. Niemand kann sagen, wie der Baum eines Tages aussehen wird. Wenn wir uns auf den inneren Weg einlassen, können wir niemals den Endpunkt dieser Entwicklung bestimmen, denn ihn gibt es nicht. Dieser Vorgang ist ein Hineinwachsen in die göttliche Gegenwart. Sie wird immer wieder neu, umfassender, tiefer erfahren und zeigt im gelebten Alltag ihre Früchte. Diese sind manchmal ungewohnt und erscheinen zunächst als etwas Neues, aber auch bisher unbekannte Früchte können sehr wertvoll sein.

Sich auf diesen Weg einzulassen, ist ein Wagnis, das Vertrauen abverlangt, denn wir schreiten in dem Maße voran, in dem wir vertrauen können. Manchmal brauchen Menschen lange, bevor sie den Sprung des Vertrauens wagen.

Wir sind Kinder zweier Welten

Wenn ich gelegentlich lese, in welchen Verhältnissen Menschen früherer Zeiten gelebt haben, unter welcher materiellen Not, Hunger oder Seuchen sie gelitten haben, wird mir bewusst, wie sehr sich die Verhältnisse geändert haben. Wenn ich dann spirituelle Schriften aus eben diesen Zeiten und Epochen lese, so frage ich mich, ob sich denn überhaupt etwas geändert hat. Inwiefern hat sich neben dem Wissen auch das Bewusstsein der Menschen geändert? Vieles ist anders und besser geworden und doch sind viele Probleme die gleichen geblieben. Immer noch beuten Menschen andere Menschen aus, verursachen Leid und bleiben dem fern, was Religionen meinen, wenn sie von „Liebe" oder „Mitgefühl" sprechen. Allerdings kann auch niemand sagen, was wäre wenn … Wie würde die Welt heute aussehen, wenn es nicht Menschen gegeben hätte, die bestrebt waren, die Welt in einem besseren Zustand zu verlassen, als sie sie vorgefunden haben? Ihr Leben ist dort, wo sie waren, zum Segen geworden.

Die Welt wird heute immer mehr als EINE Welt gesehen. Was Menschen auf dem Gebiet des Umweltschutzes, der Kommunikation und in der wirtschaftlichen Verflechtung immer stärker wahrnehmen, ist eine Erkenntnis, die in mystischen Traditionen der Völker schon lange lebt. Gutes kann nur dort wachsen, wo es allen zugutekommt. Wenn nationale, wirtschaftliche, religiöse oder kulturelle Egoismen das Handeln bestimmen, gibt es keinen wirklichen Fortschritt.

Diese Gesetzmäßigkeit gilt auch im persönlichen Leben einzelner. Wo das Ego den Menschen beherrscht, dort gibt es keine dauerhafte Erfüllung.

Wir erleben uns einerseits als Individuen mit der Neigung, uns selbst in den Mittelpunkt zu stellen. Gleichzeitig sind wir auch Kinder einer anderen Welt, in der jede Trennung aufgehoben ist und es keine Vereinzelung oder Unterscheidung von Ich und Du, Mein und Dein gibt. Deshalb nennen es Religionen wahres Zuhause, Einheit, Himmel. Dies zu erfahren und diese Erfahrung im konkreten Alltag zu integrieren, ist das Ziel der spirituellen Praxis. Die natürliche Folge ist, dass Menschen wahrhaftiger mit allem umgehen und die Würde aller Lebewesen achten. Insofern ist der bewusste, achtsame und mitfühlende Umgang mit sich selbst, mit den Mitmenschen und mit der Natur immer auch ein Beitrag für eine bessere Welt.

Schein und Sein

Als ich noch ein Kind war, hatte ich eine Lieblingstante. Sie lebte mit uns im Haus und war immer für uns da. Nur eines trübte ihre gütige Haltung. Ein kurzer Satz, den sie für sich und manchmal auch für andere warnend aussprach: „Was würden die Leute dazu sagen?" Ja, was würden die Leute dazu sagen, wenn ich mich so auf der Straße blicken ließe, wenn ich nicht zu dieser oder jener Versammlung käme, wenn ich den Termin absagen würde, wenn ich … Die Liste ließe sich fortsetzen und erweitern um die Frage: „Was denken die Leute über mich?" Die Liste der Möglichkeiten würde kein Ende haben. Es geht um Sorgen und Ängste über die vermuteten Gedanken, die andere sich über uns machen oder machen könnten. Wer sich darauf einlässt, der fällt in einen Sumpf aus Befürchtungen und Horrorbildern, fühlt sich zu Vorsichtsmaßnahmen gezwungen und zu Präventivschlägen verleitet.

Die meisten Menschen sind mehr von der tatsächlichen oder auch vermuteten Meinung anderer abhängig, als sie es zugeben möchten. Je näher die Verbindung zu jemandem ist und je höhergestellt diese Person ist, umso wichtiger wird für uns ihre Meinung. Sie ermutigt, baut auf, tröstet, aber sie kann auch beunruhigen, verunsichern, wehtun, tief verletzen. Vieles von dem, was uns aufmerksam, anständig, hilfsbereit und liebevoll erscheinen lässt, wird dadurch erzeugt, dass wir einen guten Eindruck hinterlassen möchten. Diese Haltung erinnert an ein Kind, das geliebt sein will und sich die Liebe der Erwachsenen mit dem Bravsein zu verdienen sucht: „Wenn ich brav bin, hat mich die Mama lieb." Dementsprechend gibt es die Angst vor einem schlechten Ruf. Um diesen zu vermeiden, verwenden Menschen viel Zeit, Mühe und Geld. Was würde übrigbleiben, wenn der Druck, beliebt zu sein oder zumindest respektiert zu werden, wegfällt? Vielleicht wären wir dann rücksichtsloser, egoistischer, vielleicht aber auch nicht. In jedem Fall wäre das Sprechen wahrer und die Taten echter. Wer Gutes nur tut, damit andere gut über ihn denken, der verwechselt Schein mit Sein.

Wie wirke ich? So fragen sich manche, wenn sie sich beobachtet fühlen. „Wie war ich?", fragte ein Bekannter nach einem Vortrag. Es war ihm nicht bewusst, was er damit verriet: dass es ihm mehr um Selbstdarstellung ging als darum, anderen mitzuteilen, was ihm wichtig war. Sich selbst ins Bild setzen, sich selbst darstellen, gut erscheinen, das wird in unserer Gesellschaft immer wichtiger. Wer abhängig ist von der Meinung anderer, der sucht Halt und Bestätigung außen. Er sucht die Anerkennung der Vorgesetzten, Beliebtheit bei den Mitarbeitern, Aufmerksamkeit der Öffentlichkeit.

Spiritualität sucht nicht außen, sondern innen. Vom Reich, das nicht von dieser Welt ist, spricht Jesus. Wer es gefunden hat, der hat alles gefunden und „ruht in der Mitte seiner Demut", wie Johannes vom Kreuz es ausdrückt. Und Angelus Silesius dichtet: „Mensch, werde wesentlich, denn wenn die Welt vergeht, so fällt der Zufall weg. Das Wesen, das besteht." Nicht der Schein, sondern die Verankerung im Sein bringt Erfüllung und lässt uns im Reinen sein mit uns selbst. Im konkreten Alltag bedeutet dies: Wie wir denken und was wir sagen, wie wir uns entscheiden und handeln, sollte mit dem übereinstimmen, was wir zutiefst sind.

Menschliche Grundwerte

Spirituelle Wege erheben einen hohen Anspruch, sind aber sehr menschlich und mit allzu Menschlichem gepflastert. Da ist die Rede von Erleuchtung, vom Loslassen seines Egos, vom tiefsten Wesen, von Tiefenerfahrungen, die das ganze Leben verändern, und von anderen edlen Werten, doch sich darauf einzulassen, führt zunächst auch in schmerzhafte Auseinandersetzung mit dem inneren Chaos. Dann wird plötzlich die wohltuende Zeit der Stille durch Gedanken an unverarbeitete Erlebnisse aus der Vergangenheit unterbrochen. Bilder der Erinnerung tauchen auf und können von einem tiefen Schmerz begleitet werden. Plötzlich wird uns die eigene Unzulänglichkeit bewusst oder wir erinnern uns an alte, vielleicht längst vergessene Enttäuschungen und ungelöste Konflikte. Es können Bilder und Gedanken an unverarbeitete Verletzungen bis zurück aus der frühesten Kindheit auftauchen. Vieles davon dreht sich um Liebe und Vertrauen. Sie sind unsere wichtigsten Grundwerte, vermitteln uns höchstes Lebensglück und verursachen den größten Schmerz, wenn sie enttäuscht oder missbraucht werden. Von ihnen hängt ganz wesentlich ab, ob Menschen zusammenkommen oder sich voneinander entfernen, Freundschaften vertieft oder zersetzt werden. Liebe und Vertrauen berühren uns bis in die tiefsten Schichten, über sie kommen wir zur vollen Entfaltung des Menschseins. Im Alltag sind sie immer konkret und, was besonders wichtig ist, sie sind für jeden Menschen verständlich. Jedes kleine Kind weiß, was Liebe und Vertrauen ist. Selbst Menschen, die diese

Werte vor allem in ihrer negativen Form als Lieblosigkeit, Ausgeliefertsein oder Angst kennen, haben ein Mindestmaß davon erfahren. Wenn nicht, wären sie nicht lebensfähig. Schon als Kinder haben wir erlebt, wie es sich anfühlt, wenn wir uns der sicheren Hand eines Erwachsenen überlassen können oder wenn wir bei einem Sprung aufgefangen werden. Jeder Meister des spirituellen Weges weiß ebenfalls, was Liebe und Vertrauen ist – nur anders. Es mag kulturelle Unterschiede geben zwischen Asien, Europa, Afrika oder Amerika, aber überall auf der Welt begegnen wir diesen wesentlichen Werten, Kräften und Sehnsüchten der Menschen. Für den Einen äußert sich Liebe und Vertrauen in der Befriedigung materieller Bedürfnisse, der Andere erlebt sie darüber hinaus als erstrebenswerte Gefühle. Dem Dritten werden sie schließlich zur Seins-Erfahrung, die über Gefühle hinausgeht. Sie werden ihm zur Manifestation der einen göttlichen Wirklichkeit in einer Welt, die von der Dualität geprägt ist.

Die bisherige Entwicklung der Menschheit hat – trotz aller Rückschläge und allen Versagens – zu einem immer differenzierteren Verstehen der Liebe, des Vertrauens, aber auch der Freiheit, Gerechtigkeit und anderer Werte geführt. Die jeweiligen Antworten gelangten irgendwann an ihre Grenzen, sie waren nicht mehr tragfähig. Neue Lösungen für alte und neue Fragen wurden gesucht, alte Grenzen wurden überschritten, neue Entwicklungsphasen haben begonnen. Nicht weil sich das jemand so ausgedacht hätte, sondern weil es ums Leben und ums Überleben ging. Der Übergang zum Neuen war und ist nicht leicht. Krisen und

Rückschläge begleiten ihn. Doch irgendwann werden die Grenzen endgültig überschritten, Verbrauchtes abgelegt, Bewährtes mitgenommen und Neues hinzugefügt. Diese dreifache Bewegung des Überschreitens ist ein wesentliches Merkmal des Lebens und jeder Entwicklung. Das Verständnis menschlicher Grundwerte wie Liebe, Vertrauen, Freiheit wird differenzierter, es faltet sich aus und vertieft sich: vom anfänglichen Wunsch nach Befriedigung materieller Bedürfnisse, über die Bewusstwerdung der Gefühle bis hin zu der Einheitserfahrung des eigenen Ungetrennt-Seins vom göttlichen Ursprung. Aus dieser Erfahrung heraus zu leben und zu handeln, ist die natürliche Folge.

Wo bleibt die Freude?

Die meisten Ratschläge zu einem gelungenen und sinnerfüllten Leben zielen auf die Lebensfreude. Das Streben nach Lebensglück gehört zu den Selbstverständlichkeiten unseres Menschseins. Die umstrittene Frage ist die nach dem Weg dorthin, denn unsere hochzivilisierten Länder scheinen voll von Menschen zu sein, die auf der Suche nach Glück von einem Vergnügen zum nächsten hetzen und dabei todunglücklich sind. Freude wird zunächst als eine helle Stimmung aufgefasst, mit der wir auf angenehme Situationen, Personen oder Erinnerungen reagieren. Es geschieht etwas, was Freude auslöst. Sportler werden nach einem Sieg gefragt: „Was ist das für ein Gefühl?" Die wenig überraschende Antwort lautet. „Es ist ein tolles Gefühl. Dafür hat sich die ganze Mühe gelohnt."

Auf der zwischenmenschlichen Ebene kann Freude auch die Antwort auf die Erfahrung des Vertrauens oder der Liebe sein. Jemand oder etwas ist da, worauf ich mich verlassen kann, wovon ich mich gehalten und getragen weiß. So kann Freude zu einem lange anhaltenden Gefühl werden.

Der spirituelle Weg schließt Gefühle mit ein und geht über sie hinaus. Wir suchen nicht in erster Linie das Sich-gut-Fühlen, sondern das Einssein mit dem eigenen Urgrund.

In strengen Schweigekursen stoßen wir dabei auf eine scheinbare Diskrepanz. Der gesamte Tagesablauf in Stille soll die Sammlung und Achtsamkeit unterstützen, nichts soll ablenken. Zum Schweigen gehört auch, dass wir auf Begrüßungen und andere Freundlichkeiten verzichten. Damit haben einige Leute ihre Probleme. Manchmal beschweren sich neue Teilnehmer: „Alle sind so ernst. Wo bleibt da die Freude?" Darauf gibt es eine lockere und eine ernsthafte Antwort: „Warte nur ab, bis der Kurs zu Ende ist. Plötzlich sind die Menschen wie verwandelt, sie lachen, umarmen sich und strahlen." Doch der eigentliche Grund für die Ernsthaftigkeit ist das Ringen um die Präsenz. In der Stille folgt die Aufmerksamkeit dem, was jetzt ist: dem Atem, dem Wort, der Körperwahrnehmung oder auch dem, was wir hören und sehen. Freude kann dabei aufkommen und sie ist zunächst einmal eine Empfindung neben anderen. Wenn wir im Jetzt sind, nehmen wir alles so, wie es ist, unabhängig davon, ob es sich angenehm oder unangenehm anfühlt, nichts wird gesucht und nichts gemieden. Wir versuchen nicht, uns gute Laune zu verordnen und ertrinken nicht im Kummer, wenn es anders kommt. Gedanken und Gefühle erkennen wir als Wellenbewegung in unserem Bewusstsein, ohne uns mit ihnen zu identifizieren. Damit negieren wir sie nicht, sondern überschreiten sie. In diesem Zustand sind wir jenseits der Gefühle von Freude oder Traurigkeit. Die Stille ist weder lustig, noch traurig. Das Bewusstsein erreicht in der Versenkung eine Ebene, die tiefer liegt als das Gefühl.

Freude im spirituellen Sinne kommt letztlich aus dem Einssein. Sie entspringt dem Wesenskern als Antwort auf die Seins-Erfahrung. Da ist niemand und nichts, das trägt, und auch niemand, der gehalten werden muss. Die Dualität ist überschritten, der Mensch erfährt sich eins mit seinem Urgrund und diese Erfahrung wird zur Quelle der Freude.

Schritte im Alltag

Spiritualität bietet weder Rezepte, noch Medizin mit schneller Wirkung. Es gibt weder Tricks noch Techniken, mit denen die innere Umwandlung beschleunigt werden könnte. Diese beginnt, sobald geeignete Voraussetzungen dafür gegeben sind. Nach Meister Eckhart kann Gott nicht anders, als sich in den Menschen zu ergießen, wo immer er ihn bereit findet.

Was können wir also tun, damit die richtigen Voraussetzungen für den spirituellen Prozess entstehen? Ein Grundsatz, den Bonaventura geprägt und Thomas von Aquin weiterentwickelt hat, besagt, dass Gott im Menschen nur wirken kann, wenn dazu die körperlichen und psychischen Voraussetzungen gegeben sind: „Die Gnade setzt die Natur voraus und vollendet sie."[21] Spiritualität hängt also eng zusammen mit unserem körperlichen und psychischen Zustand. Wie wir uns ernähren, bewegen, wie wir atmen und mit unseren Gedanken umgehen, das alles beeinflusst auch die spirituelle Entwicklung. Das richtige Maß, wie der Alltag im Einzelnen zu regeln ist, kann durch keine Vorschriften, Gebote oder Verbote gefunden werden, sondern durch einen bewussten und achtsamen Umgang mit den Gedanken, mit dem Körper und mit der Schöpfung insgesamt. Einige Orientierungspunkte könnten hilfreich sein; sie sind Vorschläge und Empfehlungen, die jeder für sich und auf seine Weise umsetzen kann.

→ Mache die achtsame Präsenz zu deiner Grundhaltung. Sie stützt dich im Alltag und hilft in schwierigen Situationen.

→ Achte auf die Gesundheit. Ernähre dich richtig und gönne deinem Körper angemessene Bewegung. Atme bewusst. Der Atem ist die Brücke, die dich mit deiner Tiefe verbindet.

→ Gehe achtsam mit Informationen um. Lass nicht zu, dass Du überflutet wirst von der Fülle dessen, was du siehst, hörst oder liest.

→ Nütze deine Zeit gut. Sei hellhörig für das Wesentliche in Deinem Leben. Meide alles, was dir die innere Ruhe raubt, und meide jede Hektik.

---

21 Vgl. Thomas von Aquin: *Summa Theologica* I, 1, 8 ad 2.

→ Schaffe dir im Alltag kleine Rituale. Sie geben dem Tagesablauf eine Struktur und einen Rhythmus, doch werde von ihnen nicht abhängig und bleibe offen für Veränderungen.

→ Achte Zeiten und Räume, in denen du ausspannen und Abstand von deinen täglichen Geschäften gewinnen kannst. Gönne dir täglich Zeiten, in denen du wirklich du selbst sein kannst.

→ Öffne dich für deine Mitmenschen, aber lerne, Zeiten der Stille zu lieben. Beides, Gemeinschaft und Alleinsein, gibt dir Kraft und beides sollte im rechten Verhältnis zueinander stehen.

→ Bleibe der Wahrheit treu. Wenn du Verantwortung für andere trägst, sie begleitest, erziehst, führst, Werte vermittelst oder Ratschläge gibst, so beachte, dass du selbst der erste Adressat dessen bist, was du anderen sagst. Bemühe Dich, nur Dinge zu sagen, die du auch meinst, und so zu leben, wie du denkst und sprichst.

→ Lass dich nicht entmutigen, wenn etwas anders läuft als geplant, wenn du meinst, versagt zu haben oder nicht gut genug zu sein. Wann immer du in eine solche Situation kommst, richte dich auf und fange neu an, doch lerne auch deine Grenzen kennen und respektiere sie.

→ Bewahre dir die innere Freiheit, etwas zu tun oder zu lassen. In deinen Entscheidungen achte auf deine tieferen Motive. Was du tust, was du sagst oder mit welchen Gedanken du dich abgibst, sollte von Gelassenheit, Vertrauen, Freude und Liebe getragen sein.

Und was hat das alles mit Gott und mit spiritueller Erfahrung zu tun? Der Weg ist unser Alltag und damit alles, was wir tun, wie wir denken oder sprechen. Dazu gehört auch die Art, wie wir mit unserem Körper umgehen, uns bewegen, ernähren, wie wir atmen oder anderen Menschen begegnen. In jedem Hier und Jetzt, in jedem Atemzug können wir die Wirklichkeit „Gott" erfahren. Buchstäblich alles, was unser Leben ausmacht, ist auch ein Aspekt der Spiritualität, nichts davon ist herausgenommen.

Das Leben leben

Auf die Frage nach der letzten Weinernte antwortete ein Winzer scherzhaft: „Trauben hast du so viele, wie der Herrgott dir gibt, und Wein so viel, wie du daraus machst." Das Eine ist gegeben, das Andere ist die persönliche Reaktion darauf. Bei der Weinernte ist es relativ eindeutig: Trauben gibt uns die Natur, Wein ist von Menschenhand gemacht. Weniger eindeutig ist es in vielen anderen Alltagssituationen. Auf das, was gegeben ist, reagieren die meisten Menschen, indem sie werten, interpretieren, berechnen. Sie tun es automatisch, reflexartig und ohne dass sie sich dessen bewusst werden. Ein Beispiel dazu: Ein Bekannter geht vorbei, ohne zu grüßen. Was können Menschen daraus machen? Sie könnten denken: Er mag mich nicht, er ist eingebildet und arrogant, er hat Eheprobleme, er ... und in Wirklichkeit sucht der Bekannte vielleicht nur ein bestimmtes Hinweisschild und hat sie einfach nicht gesehen. Wir meinen, dass wir die Welt sehen, wie sie ist, aber tatsächlich sehen wir sie gefiltert durch unsere Empfindungen, Wertungen und Interpretationen. Mit dem, was wir auf diese Weise wahrnehmen, identifizieren wir uns entweder oder lehnen es ab. Tatsache ist, dass die Sonne scheint oder dass es regnet; ich begegne einem Freund oder spreche mit meinem Kind, ich höre, schaue, lese, gehe und das Leben ist so, wie es ist. Doch wir machen daraus ein Drama, einen Krimi, einen Science-Fiction-Film oder gar eine Katastrophe. So nehmen wir die Welt verzerrt wahr, durch die Brille des Ego, das bestimmte Dinge mag und andere ablehnt. Viele ahnen gar nicht, wie viel an eigenen Erwartungen und Befürchtungen sie in die meisten Alltagssituationen hineininterpretieren.

Wir sind eingeladen, jeden Tag so zu nehmen, wie er kommt, und daraus das Beste zu machen. Mehr wahrnehmen und weniger werten, vergleichen, interpretieren oder sich dem Leben gar verweigern. Das Leben in seiner Fülle ist nur dort zu finden, wo es so gelebt wird, wie es ist, und nicht dort, wo es durch Vorstellungen, Wunschbilder und Ängste verzerrt wird. Das heißt freilich nicht, dass wir keine Träume und Sehnsüchte haben dürfen. Wir sollten uns nur dessen bewusst sein, was geschieht und was wir tun. Der Sinn der Träume ist, dass sie gelebt werden, und der Sinn des Lebens ist ebenfalls, dass es gelebt wird und zwar in seinem Sosein. „Träume nicht dein Leben, sondern lebe deinen Traum", lautet die Einladung in einem Aphorismus.

Vor allem aber geht es darum, die einengende Sicht des Ego zu sprengen. Sobald wir bereit sind, zu hören, zu schauen, zu spüren und damit wahr-zu-nehmen, beginnt sich der Reichtum des Lebens zu erschließen. Oder, wie Meister Eckhart in Predigt 59 sagt:

> *„Wo und wann Gott dich bereit findet, so muss er wirken und sich in dich ergießen; in gleicher Weise, wie wenn die Luft klar und rein ist, die Sonne sich ergießen muss und sich nicht zurückhalten kann."*

Wo wir zu Hause sind

Täglich berichten die Medien über Menschen, die auf der Flucht sind oder eine andere, bessere Heimat suchen. Viele der Betroffenen haben Erschütterndes erlebt. Vor vielen Jahren war ich selbst Flüchtling und kann nur bestätigen, was viele andere sagen: Niemand verlässt seine Heimat ohne einen wichtigen Grund. In der Fremde angekommen, fällt es den meisten schwer, sich zurechtzufinden und akzeptiert zu werden.

Das ist nicht nur eine Erfahrung unserer Zeit. Schon die Bibel erzählt von einer schwangeren Frau und ihrem Verlobten, die weit weg von zu Hause auf der Suche nach einem Dach über dem Kopf waren, aber es gab keinen Platz für sie. Das biblische Bild steht archetypisch für die uralte Sehnsucht der Menschen nach einem Ankommen. Was Ankommen genau bedeutet, darüber gibt es unterschiedliche

Vorstellungen. Sie reichen von der verzweifelten Suche nach einem Ort, an dem ein Leben ohne Hunger, Krieg und in Menschenwürde möglich ist, über die Suche nach einem besseren Lebensstandard bis zur Suche nach Angekommen-Sein im spirituellen Sinne. Alle Vorstellungen sind Ausdruck der einen Sehnsucht nach einem Ort bzw. nach einem Zustand, in dem alles gut ist und in dem wir zu Hause sein können. Sie spiegelt sich seit Urzeiten in Liedern und Geschichten der Völker. Religiöse Menschen erleben die eigenen vier Wände manchmal nur als vorläufige Herberge, die das eigentliche Ziel der Sehnsucht, das eigentliche „Daheim" lediglich symbolisiert, es aber nicht ist. Das wirkliche Zuhause ist anderswo. Es ist nicht ein Ort, sondern eine innere Haltung und ein Zustand.

Der Münchner Komiker Karl Valentin sagte einmal: „Heute besuche ich mich, hoffentlich bin ich daheim", und brachte damit seine Zuhörer zum Lachen. Wo soll der Mensch sonst sein? Karl Valentins überzogener Spruch lässt schmunzeln, weil er eine scheinbare Selbstverständlichkeit infrage stellt. Der Mensch ist eben nicht immer bei sich zu Hause, sondern treibt sich mit seinen Gedanken herum. Er ist abwesend, reist in die Vergangenheit, greift nach der Zukunft oder verliert sich in erträumten Welten. Nur wenige sind mit der Aufmerksamkeit bei dem, was gegenwärtig geschieht. Sie sind nicht daheim bei sich selbst. Gerade auch jene, die Achtsamkeit üben, ertappen sich oft dabei, innerlich abwesend zu sein. Andere sind es auch, aber Meditierenden wird es deutlicher bewusst, wenn sie sich in ihren Plänen, Erinnerungen oder sonstigen Gedanken verloren haben. Wo sind wir letztlich, wenn wir nicht präsent sind, wenn wir nicht bei uns selbst sind?

Für Menschen, die im Ausland lebten, gab es im Mittelhochdeutschen den Ausdruck *ellende* oder *elilenti*, der „außer Landes seiend" meinte. Heute sagen wir „Elend" dazu. Was von den Menschen in der Fremde gesagt wurde, lässt sich analog vom inneren Zustand sagen. Wer weg ist von sich selbst, nicht bei sich zu Hause sein kann, wer seinem Wesen entfremdet lebt, sich in seinem Ich verliert, der ist entzweit und zerrissen. Er ist im Elend. Die äußere Entfremdung zwischen den Menschen und die innere Entfremdung des Einzelnen von sich selbst zu überwinden ist das große Thema unserer Zeit und die vordringlichste Aufgabe der Menschheit. Die Entfremdung kann überwunden werden, indem wir unseren Egozentrismus verlassen, unser wahres Wesen suchen und es hinter dem Ich erfahren. Hier erleben wir uns als zu Hause angekommen, hier wissen wir, wo wir wirklich hingehören.

Ein wunderbares Fest des Ankommens ist das Weihnachtsfest. Hier geht es freilich um ein Ankommen auch in der anderen Richtung. In der religiösen Sprache wird deutlich, dass nicht nur der Mensch Gott sucht, sondern auch, dass Gott den Menschen sucht. Gott wird Mensch und beide sind eins. Nicht teilbar und nicht trennbar. Das Fest erinnert daran, dass wir zwar suchen, aber wenn wir ankommen, stellen wir fest, dass wir in Wirklichkeit nicht die Suchenden, sondern die Gesuchten und Gefundenen sind.

Anders hören

„Alles, was du sagst, habe ich schon gehört und trotzdem höre ich es anders." So oder ähnlich drücken sich Menschen manchmal aus und beschreiben damit ihre eigene Veränderung. Gelegentlich bitten sie ausdrücklich darum, ihnen wieder einmal das zu sagen, was sie schon oft gehört haben. Sie spüren, dass sie noch nicht leben, was sie schon lange wissen. Sie spüren auch, dass im Gesagten eine wichtige Wahrheit verborgen ist, die sie zwar erahnen, die ihnen aber noch nicht zugänglich ist. Sie möchten besser erkennen, möchten erfahren, weil dieses andere Wissen mehr ist als das Wissen der Schulbücher. Das, was wir mit den Augen sehen, mit den Ohren hören und was wir mit dem Verstand begreifen, ist das Erkennen von außen. Dieses Erkennen ist wichtig, aber es befriedigt uns nicht wirklich. Es ist nicht tragfähig genug, weil es nicht sinnstiftend ist und nicht das Ganze erfasst. Darüber hinaus gibt es ein Erkennen von innen her, das in größere Tiefe führt und die Einheit der vielen Einzelheiten zu erfahren vermag. Es verändert uns und bewirkt eine grundlegende Wandlung der Denkweise, aller Lebensbereiche und sogar des Körpers. Die daraus entstehende neue Identität ist nichts Fremdes, sondern zutiefst unser eigen. Deshalb kann es auch Heimkommen genannt werden. Nichts ist mehr, wie es war, und dennoch hat sich nichts verändert. Als natürliche Folge ändert sich mit der Zeit auch die äußere Lebensgestaltung. Die Bibel spricht von einer neuen Geburt aus Wasser und Geist, von einem neuen Menschen.

Die Weisheitsliteratur der Völker, die heiligen Schriften der Religionen enthalten viele Hinweise, die dieses Geschehen deutlich machen. Einen Schatten davon erleben jene, die ein solches Buch im Laufe der Jahre wiederholt lesen und darin immer wieder Neues für sich entdecken. Wie aus einem Brunnen schöpfen sie daraus und der Brunnen erscheint ihnen unerschöpflich. Sie lesen die gleichen Worte und jedes Mal entdecken sie darin etwas, was ihnen bisher verborgen war. Sie selbst haben sich verändert und darum sehen sie die gleichen Texte mit anderen Augen. Der Sinn heiliger Bücher und spiritueller Vorträge ist jedoch mehr, als dass man aus ihnen ein Leben lang schöpfen würde. Sie wollen zu jener Erfahrung führen, die auch die Autoren der geschriebenen oder gesprochenen Worte gemacht haben, denn die eigentliche Quelle ist nicht in den Texten verborgen, sondern in uns. Dort gilt es, sie zu entdecken. Etwas respektlos drückt es Angelus Silesius in einem Vers aus: „Wie töricht tut der Mensch, der aus der Pfütze trinkt und die Fontäne lässt, die ihm im Haus entspringt." Dennoch behalten spirituelle Bücher und Vorträge ihre Bedeutung. Sie sind wie Rezepte, die aber das Essen der Speisen nicht ersetzen können. Die eigentliche Wirklichkeit übersteigt das gesprochene und geschriebene Wort bei Weitem. Sie ist das Wort hinter dem Wort, das Wort jenseits aller Worte. Sie ist das Wort, das selbst Leben ist und neues Leben hervorbringt.

In einem Kirchengesang wird, in Anlehnung an ein Bibelwort, gesungen: „Sende aus deinen Geist und das Antlitz der Erde wird neu." Ähnlich, wie sich eine tief greifende Wandlung im Leben Einzelner ereignet, vollzieht sich auch die Wandlung der ganzen Schöpfung. Eine neue Sichtweise, ein neues Bewusstsein entsteht. Die Menschheit als Ganze ist eingeladen, eine neue Identität zu finden.

„Schön, dass es dich gibt!"

So sagen wir gelegentlich zu einem Menschen, den wir gernhaben. Augustinus wird häufig der Satz zugeschrieben: „Ich will, dass du bist."[22] Diese Worte drücken aus, was Liebe bedeutet. Das Sein ist hier kein statischer Begriff, sondern ist im Sinne von Werden und Wachsen zu verstehen. Es gibt keine Vorgabe über die Einzelheiten dessen, wie der Mensch zu sein oder zu werden hat. Es wird kein Ziel genannt. Das Menschsein, die Menschwerdung selbst ist Weg und Ziel in einem. Das Sein als Werden ist ein schöpferischer Prozess, der niemals abgeschlossen ist.

„Ich will, dass du bist" – mit diesen Worten sprechen wir ein allumfassendes „Ja" zum anderen Menschen, der sein darf, wer er ist. Es hat nichts zu tun mit dem egoistischen Versuch, andere nach seinen Vorstellungen zu beeinflussen, um etwas für sich selbst zu erreichen. Wenn wir zu jemandem sagen, „ich will, dass du dich änderst", dann kann er sich das zu Herzen nehmen oder auch nicht. Es gibt viele

---

22 Vgl. auch Tomáš Halík: *Ich will, dass du bist. Über den Gott der Liebe*, Freiburg/Breisgau 2015.

Gründe, warum Menschen einander zu ändern versuchen. Oft genug werden dabei nur eigene Interessen verfolgt.

„Ich will, dass du bist" als Umschreibung der Liebe, meint etwas anderes. Dort, wo dieses Wort frei von Egoismus gesprochen wird, bewirkt es, was es besagt. Wir können es in den ersten Zeilen der Bibel nachlesen. „Gott sprach: Es werde Licht. Und es wurde Licht." (Gen 1, 3) Das göttliche Wollen schafft Wirklichkeit. Es hat die Macht der Liebe, eines Werdens, das aus dem Einssein kommt. Wenn wir zu einem Menschen mit oder ohne Worte, aber aus dem ganzen Herzen sagen: „Ich will, dass du bist", dann kommt es aus dieser Quelle. In dieser Haltung, in der es nicht um das eigene Wollen geht, sondern um das Werden des Anderen, sind wir selbst in den Schöpfungsakt eingebunden. Es sind Worte, die aufleben lassen. „Ich will, dass du bist" wird auch zu jedem von uns gesagt. Dabei stoßen wir auf das Unvermögen, dieses eigene Menschsein wirklich zu realisieren. Wir möchten etwas Gutes tun und bringen es nicht fertig, erleiden Unrecht und können nicht verzeihen, tun anderen Unrecht und können uns nicht verzeihen lassen.

Liebe als Ausdruck unserer Identität ist die stärkste Kraft, die uns gegeben ist, uns wachsen lässt und uns untereinander verbindet. Sie zu realisieren und zu lernen ist Aufgabe für jeden einzelnen Tag und so üben wir Achtsamkeit in allem, lernen, uns zu versöhnen, zu vergeben und uns vergeben zu lassen. Diese Art, Liebe zu lernen, hat nichts zu tun mit kitschigen Szenen romantischer Filme. Sie ist auch keine hoffnungslose Sisyphosarbeit, sondern eine reale, manchmal harte und auf jeden Fall wichtige Schule des Lebens. Auch wenn es schwer sein kann, sie hat einen Sinn, denn sie „ist der Bauplan, auf dessen Grundlage sich Evolution ereignet".[23] Im Alltag reift Liebe zu einer Lebenshaltung, die in der Erfahrung der Einheit allen Lebens verankert ist und aus ihr schöpft. Allmählich durchdringt sie unser ganzes Denken, Sprechen und Handeln, schließt alle und alles mit ein und lässt uns immer mehr Mensch werden. „Ich will, dass du bist" ist eine Einladung, dem Ruf des Lebens zu folgen.

---

23 Willigis Jäger: *Über die Liebe*, München 2009, S. 107.

Danksagung

Dieses Buch entstand aus Notizen und Vorträgen während der eigenen spirituellen Praxis und Begleitung anderer. Es gibt viele, denen ich an dieser Stelle danke sagen möchte, auch wenn nur wenige namentlich genannt werden. Ohne meine Familie wäre mein Werdegang nicht der, der er war. Hier fanden wichtige Gespräche statt, aus denen sich Anregungen und Inspiration für den eigenen Weg und für die spirituelle Arbeit ergeben haben. Die unerschütterliche Bodenständigkeit von Marianne, meiner Frau, ihre liebevolle Fröhlichkeit und Kraft, waren und sind immer wieder Balsam für die Seele. Dominik, meinem Sohn, verdanke ich wertvolle Hinweise bei der Überarbeitung und Korrektur.

In Dankbarkeit denke ich sowohl an jene, die mich begleitet haben, als auch an jene, die ich selbst begleite und die konsequent den inneren Weg gehen. Begleitung ist niemals ein einseitiges Geben, sondern immer auch ein Empfangen. Beschenkt werde ich durch die Aufrichtigkeit, mit der Menschen über sich sprechen, ein anderes Mal durch die Entschlossenheit, mit der sie an sich arbeiten, durch ihren Humor und durch ihre Rückmeldungen.

Dem Verlag Sankt Michaelsbund danke ich für die freundliche und unkomplizierte Zusammenarbeit.

Eine spirituelle Weggemeinschaft lässt sich mit einer Expedition in unbekannte Gegenden vergleichen. Jede und jeder hat hier seinen Platz, seine Aufgabe, und alle unterstützen sich gegenseitig. Ihnen allen möchte ich sagen: danke, dass es Euch gibt.

Zum Autor

Jan Šedivý wurde in Südmähren geboren. Er ist Diplomtheologe, verheiratet, hat drei erwachsene Kinder. Ab 1980 im kirchlichen Dienst der Erzdiözese München und Freising. Seit 1984 leitet er Kontemplationskurse und lebt bei Bad Endorf im Chiemgau.